상처는
나의 힘

상처는
나의 힘

초판 1쇄 펴낸날 | 2012년 3월 15일

지은이 | 양광모
펴낸이 | 이금석
기획·편집 | 박수진
디자인 | 김현진
마케팅 | 곽순식, 김선곤
물류지원 | 현란
펴낸곳 | 도서출판 무한
등록일 | 1993년 4월 2일
등록번호 | 제3-468호
주소 | 서울 마포구 서교동 469-19
전화 | 02)322-6144
팩스 | 02)325-6143
홈페이지 | www.muhan-book.co.kr
e-mail | muhanbook7@naver.com

가격 12,000원
ISBN 978-89-5601-296-4 (13320)

잘못된 책은 교환해 드립니다.

자신의 환경과 한계를 극복하고
승리한 그들의 뜨거운 이야기

상처는 나의 힘

양광모 지음

프롤로그

가시에 찔려야
장미를 딸 수 있다

　지금 나는 도서관에 앉아 있다. 주변에 있는 모든 사람들은 열의에 찬 모습으로 무언가에 몰입하고 있다. 두꺼운 법률 책을 펼쳐놓고 공부하는 대학생, 공인중개사 시험을 준비하는 중년의 여성, 리더십에 관련된 책을 읽는 30대 남성. 저마다 공부하는 이유는 다르겠지만 이들의 공통적인 목표는 아마도 성공일 것이다.

　누구나 성공을 꿈꾼다. 만약 인생에서 성공을 원하지 않는 사람이 있다면, 그는 매우 특수하고 예외적인 인물일 것이다. 그런데 어떻게 하면 성공할 수 있는 것일까? 이것은 인류 역사상 가장 오래된 질문 중의 하나일 것이며, 지금 이 순간에도 수많은 사람들이 정답을 찾기 위해 머리를 감싸고 고민하고 있다.

　사실 성공의 비결을 발견하는 것은 인류의 주요 관심사이며 오랜 연구대상이었다. 어떤 대학에서는 인간관계를 강조했고, 어떤 연구에서는 목표의 중요성에 관한 조사결과를 발표하였다. 어떤 실험에서는 만족지연능력에 따라 성공을 얻을 수 있다고 주장하였다. 모두 맞는 말일까? 그렇다. 모두 틀린 말일까? 그렇다. 모두 부분적으로는 맞고, 또 부분적으로는 틀린 말이다. 성공에 대한 정의가 사람마다 다르듯이 성공 비결 또한 서로 다른 모습으로 나타난다. 아마도 성공은 정답이 하나밖에 없는 사지선다형 문제가 아니라, 정답이 다양한 논술형 문제일 것이다.

  나는 이 책을 통해 불행한 유년기, 신체적 장애와 질병, 거듭되는 실패, 불운과 사고를 극복하고 성공을 거머쥔 사람들의 사례를 소개할 것이다. 그리고 그들을 성공의 길로 이끈 비결이 무엇이었는지에 대해 알아볼 것이다. 이 책은 누구에게나 보편타당한 진리를 주장하고 있지는 않다. 따라서 어떤 사람의 관점에서 보면 내가 이야기하는 성공의 법칙은 절대적이지 않을 수도 있다. 일정 부분 그런 의견에 동의를 보낸다.

그럼에도 불구하고 내가 이 글을 쓰는 이유는 딱 한가지다. 사회에서 말하는 성공의 비법이 너무나 간단명료해 많은 사람들에게 성공에 대한 환상과 깊은 패배감을 심어주기 때문이다. 시중에 나와 있는 성공학 도서를 읽다보면 화가 치밀어 오른다. 그중에서도 가장 많이 나타나는 성공 비결은 '꿈' 또는 '자신감'이다. 대부분 책들이 꿈만 있으면 성공은 자동적으로 찾아오는 것처럼 주장하고 있다. 이는 내가 살아온 삶과 그동안의 경험으로 판단해 보면 한마디로 어림없는 말이다. 꿈과 자신감은 중요하지만 결정적이지 않다.

자세한 사항은 차차 말하기로 하고 결론부터 말하겠다. '성공은 어렵고 때로는 불가능하다. 실패는 쉽고 때로는 운명적이다'는 것이 성공과 실패에 대한 나의 가치관이다. 따라서 이 책은 100% 완벽한 성공 비결을 주장하지 않는다. 다만 어떻게 하면 조금이라도 실패를 줄이고, 어떻게 하면 성공의 확률을 높일 수 있는지에 대해 설명할 뿐이다.

다시 한 번 말하건대 쉽게 성공할 수 있다는 생각을 버려라. 인도 우화작가 필페이는 "가시에 찔리지 않고서는 장미를 모을 수 없다"고 말했다. 성공을 위해서도 가시에 찔리는 고통을 감수해야 한다. 그리고 가시에 찔렸을 때 고통과 상처에서 빨리 벗어나는 법을 터득해야 손안에 장미꽃을 넣을 수 있다.

부족한 원고가 세상에 나올 수 있도록 소중한 기회를 제공해 주신 손호근 대표님, 기획과 편집을 맡아 수고해 준 박수진 님 그리고 '도서출판 무한' 가족들에게 감사의 말을 전한다. 사랑하는 가족들에게도 감사의 마음을 전한다.

마지막으로 독자 여러분에게 당부한다. 혼자 빛나는 별은 없다는 말처럼 성공을 위해서는 서로 격려하고 이끌어 줄 수 있는 정신적 동반자가 필요하다. 혹시라도 내가 도움이 될 일이 있다면 언제든지 책 표지에 적혀있는 메일로 연락하길 부탁드린다. 내가 운영하는 블로그, 카페로 찾아온다면 그야말로 대환영이다. 여러분의 앞날에 행운과 성공이 함께 하길 기원하며 오스카 와일드의 명언을 옮겨 적는다. 발 밑을 보지 말고 밤하늘의 별을 바라보라!

"우리 모두는 진흙탕에서 허우적대지. 하지만 몇몇은 밤하늘의 별을 바라본다네."

— 푸른고래 양광모

차례

프롤로그 • 4

 **1장** 유년의 아픔을 딛고 정상에 서다

스티브 잡스 Steve Jobs
사랑하는 일을 찾아라 • 17

찰리 채플린 Charles Chaplin
인생은 멀리서 보면 희극이다 • 23

코코 샤넬 Coco chanel
패션은 사라지지만 스타일은 영원하다 • 30

오프라 윈프리 Oprah Winfrey
나는 계속 달릴 것이다 • 36

룰라 Lula
내게는 유년 시절이 없다 • 41

마쓰시타 고노스케 松下幸之助
'때문에'가 아니라 '덕분에'라고 말하라 • 48

이나모리 가즈오 稻盛和夫
성공에 대한 갈망을 가득 채워라 • 54

 신체적 장애와 질병을 정신력으로 이겨내다

닉 부이치치 Nicholas Vujicic
내 인생에 한계는 없다 •61

레나 마리아 Lena Maria
나는 더 이상 장애인이 아니다 •67

스티비 원더 Stevie Wonder
앞이 보이지 않는다고 꿈을 포기할 필요는 없다 •73

랜스 암스트롱 Lance Amstrong
강하게 살자 •78

빈센트 반 고흐 Vincent van Gogh
모든 것을 바쳐 위대한 경지에 이르다 •84

아베베 비킬라 Abebe Bikila
나는 다만 달릴 뿐이다 •90

리처드 브랜슨 Richard Branson
내가 상상하면 현실이 된다 •96

에이브러햄 링컨 Abraham Lincoln
희망의 길로 왕래하라 •103

윈스턴 처칠 Winston Churchill
절대로 포기하지 마라 •108

 3장 자신의 환경과 한계를 극복하고 승리하다

넬슨 만델라 Nelson Mandela
나는 노력하는 노인일 뿐이다 • 117

조앤 롤링 Joanne Rowling
마법은 필요하지 않다 • 124

콘래드 힐튼 Conrad N. Hilton
성공은 행동과 연관되어 있다 • 130

허브 켈러허 Herb Kelleher
1만 6,000명이 감사한 CEO • 136

메리 케이 애쉬 Mary Kay Ash
위대한 일을 바라면 위대한 일이 일어난다 • 143

하워드 슐츠 Howard Schultz
익숙한 것들을 떠나라 • 147

미겔 데 세르반테스 Miguel de Cervantes
재산보다는 희망을 욕심내라 • 154

빌리 홀리데이 Billie Holiday
검둥개라 불러도 나는 노래한다 • 161

정주영
시련은 있어도 실패는 없다 • 166

김택진
가능한 일이 아니라 옳은 일을 하라 • 171

이제석
학벌은 소수점 뒷자리에 불과하다 • 176

 거듭되는 실패에도 굴하지 않고 승리하다

야나이 다다시 柳井正
1승 9패의 신념으로 도전하라 • 183

월트 디즈니 Walt Disney
꿈꿀 수 있다면 이룰 수 있다 • 189

폴 마이어 Paul J. Meyer
반드시 성공적인 인생을 살리라! • 195

커넬 샌더스 Colonel Sanders
나이는 숫자에 불과하다 • 200

칭기즈 칸 成吉思汗
적은 내 안에 있다 • 205

유재석
단 한 번만 기회를 주시면 • 210

레이 크록 Raymond Albert Kroc
땀 한 방울을 흘릴 때마다 더 많은 행운이 찾아온다 • 216

5장 비극과 사랑을 경험하고 새롭게 태어나다

헤르만 헤세 Hermann Hesse
사랑은 풍요로운 것이다 • 223

까미유 클로델 Camille Claudel
시간이 모든 것을 되돌려 놓을 것입니다 • 228

프레데리크 쇼팽 Fryderyk Chopin
인생에서 좋은 것은 사랑뿐이다 • 233

에디트 피아프 Edith Piaf
난 아무것도 후회하지 않아요 • 238

괴테 Goethe
사랑의 목적은 도착이 아니라 여행이다 • 243

이사도라 던컨 Isadora Duncan
내 몸은 내 예술의 성전 • 248

에필로그 • 253

1장

유년의 아픔을 딛고 정상에 서다

스티브 잡스
Steve Jobs

사랑하는 일을 찾아라

"오늘이 내 인생의 마지막 날이라도 지금 하고 있는 일을 계속하기를 바라는가?"

얼마 전 사망한 애플 회장 스티브 잡스 Steve Paul Jobs의 말이다. 그는 열아홉 살이 되던 해부터 매일 아침 거울을 바라보며 자신에게 이 질문을 건넸다고 한다. 역시 될 성싶은 나무는 떡잎부터 다른 모양이다.

여러분은 이 질문에 어떻게 대답할 수 있는가? 인생은 짧고 시간은 빠르니 우리는 하고 싶은 일을 하면서 살아가야 한다. 한 번밖에 못 사는 인생을 원하지 않는 일에 억지로 끌려가면서 살아가야 한다면 그 얼마나 불행한 일이겠는가! "사람들은 돈이 없기 때문에 좋아하지도 않는 일을 하는데, 그런 일을 계속 하는 한 돈도 벌 수 없다"는 보도 셰퍼의 말을 기억하고 싫어하는 일을 그만두고 인생의 마지막 날에도 계속 하고 싶은 일에 뛰어들어라.

스티브 잡스는 1955년 미국 샌프란시스코에서 태어났다. 친부모는 당시 대학원생 동거 커플이었기 때문에 그는 출생 일주일 만에 평범한 노동자였던 폴과 클라라 잡스 부부에게 입양되었다. 어린 시절의 스티브 잡스는 말썽을 많이 부렸던 학생으로 알려져 있다. 학교 수업도 자주 빼먹었는데, 담임선생님이 돈과 사탕으로 구슬린 덕분에 간신히 초등학교를 졸업할 수 있었다고 한다.

1972년, 스티브 잡스는 오리건 주 포틀랜드에 위치한 리드 대학교에 등록하여 철학 공부를 시작하지만, 1학기만 수강한 후 중퇴를 결심한다. 양부모에게 비싼 학비를 부담 지우는 것이 싫었기 때문이었다. 학교를 그만둔 후 그는 친구 집을 전전하며 바닥에서 잠을 자고, 5센트짜리 빈 콜라병을 모아 끼니를 해결하였다. 매주 일요일 밤에는 사원에서 주는 식사를 얻어먹기 위해 7마일을 걸어 다녔다.

잡스는 몇 년 후, 캘리포니아로 돌아와 스티브 워즈니악과 홈브루컴퓨터클럽에 가입했다. 자신이 좋아하는 일을 찾게 된 것이다. 1976년, 이 외톨이 몽상가와 천재 기술자는 협력해 차고 안에서 애플을 설립하고 개인용 컴퓨터를 대중화하였다. 창립 4년 뒤, 애플은 PC 100만 대 판매라는 위업을 달성했고, 1982년 스티브 잡스의 명성은 〈타임〉지 표지를 장식하며 절정에 달했다.

1985년, 스티브 잡스는 경영 분쟁에 의해 쫓겨나지만 10년 뒤 적자에 허덕이던 애플을 구원하기 위해 극적으로 복귀하게 된다. 이후 스티브 잡스는 애플의 경영 상태를 흑자로 전환시켰고 아이맥, 아이팟, 아이폰, 아이패드를 연달아 출시하며 세계적인 애플 열풍을 불러 일으켰다. 그 결과 스티브 잡스의 성공신화는 세상 사람들에게 관심과 경이로움의 대상이 되었다.

미국의 경영컨설턴트 짐 콜린스는 스티브 잡스를 가리켜 '경영의 베토벤'이라고 극찬했으며 포춘, 마켓워치를 비롯해 수많은 언론과 대학, 각종 연구기관의 조사에서 스티브 잡스는 최고의 CEO로 선정되었다. 2011년, 스티브 잡스의 재산은 무려 83억 달러(9조)에 이르는 것으로 알려져 있다.

사실 스티브 잡스는 특이한 인물이다. 젊은 시절에는 환각제와 신비주의에 열중했고, 선불교의 신봉자로도 알려져 있다. 그는 철저한 채식주의자로 주로 견과류와 물만 섭취하는데 펩시를 방문했을 때도 음료에는 전혀 손을 대지 않았다고 한다. 펩시콜라의 사장인 존 스컬리를 영입할 때 "나머지 인생을 설탕물이나 팔면서 보내고 싶습니까? 아니면 세상을 바꿔놓을 기회를 갖고 싶습니까?"라는 말로 스컬리의 결심을 이끌어냈다는 일화는 매우 유명하다.

애플에 복귀할 때는 연봉으로 단돈 1달러만 받겠다는 파격적인 제안을 하여 사람들의 주목을 끌기도 하였다. 10년 이상 착용한 검정색 긴 팔 터틀넥 옷은 그의 트레이드마크가 되었는데, 터틀넥 제조사인 잇세이 미야케에 한꺼번에 수백 벌의 옷을 주문하여 화제를 낳기도 하였다.

스티브 잡스의 뛰어난 업적과 영향력 때문에 그를 추종하는 사람들이 많아졌다. 일부 팬들은 그를 예수에 빗대어 추켜세우기도 했지만, 일각에서는 스티브 잡스에 대한 비난의 목소리 또한 적지 않았던 것도 사실이다.

스티브 잡스는 한 번도 새로운 아이디어를 낸 적이 없으며, 다른 사람들의 공을 가로챘고, 독재적 리더십을 가지고 있으며, 사람들과 화합할 줄 모르고, 성과를 독차지하는 이기적인 성품을 지니고 있다는 것이 비판의 주요 근거였다.

그러나 스티브 잡스의 열정만큼은 논란의 여지가 거의 없는 부분이다. 특히 스티브 잡스의 스탠포드 대학 졸업식 연설은 많은 사람들에게 감동을 주었다. 스티브 잡스는 자신의 출생부터 입양, 대학 중퇴, 창업, 결혼, 췌장암에 이르기까지의 삶과 그것을 통해 자신이 얻게 된 교훈을 이야기한 후, 어렸을 때 우연히 발견한 백과사전에 적혀있던 말로 연설을 마무리하였다.

"stay hungry, stay foolsih."

스티브 잡스는 자신의 일을 진정으로 사랑하는 사람이었다. 그는 대학생들을 만날 때마다 "내가 계속할 수 있었던 유일한 이유는 내가 하는 일을 사랑했기 때문이라 확신합니다. 여러분도 사랑하는 일을 찾으셔야 합니다. 당신이 사랑하는 사람을 찾아야 하듯 일 또한 마찬가지입니다" 라는 말을 들려주었다.

사람들이 스티브 잡스에게 인간적인 매력을 느끼는 것은 그가 이룬 화려한 업적보다 자신의 일에 대한 뜨거운 사랑과 열정 때문이다. 스티브 잡스가 입양, 가난, 대학 중퇴, 경영진에서의 해고 등의 실패를 극복하고 성공을 거둘 수 있었던 비결도 바로 그가 지닌 뜨거운 열정, 일에 대한 사랑이 가장 중요한 요인으로 작용했다.

성공자들은 한결같이 자신의 삶과 일에 강렬한 열정을 지니고 있었다. 열정은 헨리 데이비드 소로의 말처럼 다음과 같이 표현될 수도 있다.

"우리는 자명종 소리에 의해서가 아니라, 새벽에 대한 무한한 기대감으로 깨어나는 법을 익혀야 하고 또한 스스로 늘 깨어 있어야만 한다."

인생에서 성공과 행복을 원한다면, 지금 하던 일을 멈추고 자신에게 질문을 던져라.

"나는 매일 아침 무한한 기대감으로 깨어나고 있는가?"

"오늘이 내 인생의 마지막 날이라도 지금 내가 하는 일을 계속하기를 바라는가?"

'예'라는 대답이 나온다면 당신은 틀림없이 성공할 수 있을 것이다. 만약에 '아니오'라는 대답이 나온다면 모든 것을 중단하고 새롭게 시작해야 한다. 용광로처럼 활활 타오르는 열정으로 자신이 진정 사랑하는 일을 하면서 살아가는 것, 그것이 바로 성공과 행복의 지름길이요, 비결이다.

찰리 채플린
Charles Chaplin

인생은
멀리서 보면 희극이다

"빈민 수용소에 있을 때나 먹을 것을 구하기 위해 길거리를 방황하고 있을 때도, 나는 자신이 세계에서 제일 가는 배우라고 믿고 있었다. 어린아이가 한 생각으로는 어이없게 들리겠지만, 그래도 내가 그렇게 강한 믿음을 갖고 있었던 것이 나를 구했다. 그런 확신이 없었다면 나는 고달픈 인생의 무게에 짓눌려 일찌감치 삶을 포기해 버렸을 것이다."

무성영화의 전설이자 희극왕 찰리 채플린이 남긴 말이다. 그는 불굴의 자신감과 미래에 대한 희망으로 불우했던 어린 시절을 이겨내고 세계 최고의 배우가 되었다. 그 사실을 입증해 주는 기록을 몇 가지 살펴보자.

채플린이 출연한 영화는 제25회 칸 영화제(1971), 제44회 아카데미 공로상(1972), 제33회 베니스 영화제 황금사자상(1972)을 수상하였다. 1975년, 채플린은 엘리자베스 여왕으로부터 기사 작위를 수여받고 찰리 채플린 경Sir Charles Chaplin이 되었다. 1999년, 세계 최고 권위를 자랑하는 영국의 〈인터내셔널 후즈 후International Who's Who〉가 발표한 '20세기의 세계를 움직인 100인'에 채플린이 선정되었다. 2008년, 미국영화연구소AFI에서는 미국 최고 영화 10편을 발표했는데 로맨틱 코미디 장르에서는 찰리 채플린의 〈시티 라이트〉가 1위를 차지했다. 바이올린 연주, 오페라, 음악에도 조예가 깊었던 채플린은 아카데미 음악상을 수상하기도 하였다.

채플린은 20세기를 통틀어 대중들로부터 가장 큰 인기를 얻은 영화인이다. 생전에 그가 제작한 영화는 모두 81편에 이르는데 지금까지도 사람들의 마음을 울리고, 웃기고 있다.

또한 채플린은 재테크에도 뛰어났다. 한때 그는 미국 재산세 과세 대상 개인 1위에 오를 정도로 많은 재산을 형성했었다. 2006년 6월, 영국 〈선데이 타임스〉지가 발표한 '젊은 연예인 갑부' 순위에서 채플린의 손녀 키에라 채플린이 3,200만 파운드(약 540억 원)의 재산으로 2위를 차지하였다. 키에라는 채플린이 설립한 영화사 라임라이트 필름의 지분 30%를 보유한 대주주다. 빈민 수용소에 살며, 먹을 것을 구하기 위해 길거리를 방황하던 어린아이가 마침내 세계 최고의 배우로 성공하였고, 자신의 손녀까지 억만장자로 만드는 엄청난 부를 형성한 것이다. 과연 그 비결은 무엇일까?

찰리 채플린Charles Spencer Chaplin은 1889년 4월 16일 영국 잉글랜드 런던 램버스에서 태어났다. 두 살 무렵, 연극배우였던 아버지 찰스 채플린charlie chaplin은 심각한 알코올중독으로 어머니와 이혼한 후 곧바로 사망하고 만다. 얼마 후, 런던 육군훈련기지의 병영극장에서 노래를 부르던 어머니 한나 채플린Hannah Chaplin마저 후두염으로 목소리를 잃어버려서 가수 활동을 중단하게 된다. 다섯 살 무렵부터 그의 가족은 빈민구호소를 전전했고, 채플린은 돈을 벌기 위해 신문팔이 등을 하며 길거리로 나서야 했다. 설상가상으로 어머니가 정신병으로 병원에 입원하면서 채플린은 고아원, 아역배우, 인쇄 보조공, 병원 잡부, 장작 패는 일 등 온갖 고난을 겪어야 했다. 이때의 경험은 채플린의 삶 전체에 지대한 영향을 주게 된다. 훗날 그는 다음과 같이 말했다.

"나는 프로이트의 주장과 달리 섹스가 인간의 복잡한 심리에서 가장 중요한 요소라고 생각하지 않는다. 추위, 배고픔 그리고 가난에 대한 부끄러움 등이 한 사람의 심리에 미치는 영향이 더 크다고 생각한다."

이런 열악한 환경 속에서도 채플린은 배우가 되겠다는 꿈을 포기하지 않았다. 다섯 살 때 처음으로 그를 무대에 세우며 어머니가 들려준 '머리를 숙이고 땅바닥만 쳐다봐야 건질 것은 하나도 없다'는 말을 가슴속에 품고 살았다. 10세가 되었을 때, 채플린은 아동극단에 들어가 연기 경험을 쌓기 시작한다. 17세가 되던 해에는 당시 최고의 인기를 누리고 있던 프레드 카노$^{Fred\ Karno}$에 입단한다.

1912년, 채플린의 인생을 바꿔놓는 결정적인 기회가 찾아온다. 카노극단의 미국 순회공연 중 채플린을 눈여겨 본 캐스턴 영화사의 감독 겸 프로듀서 맥 세네트$^{Mack\ Sennett}$가 그를 할리우드로 스카우트한 것이다. 1914년, 채플린이 첫 출연한 영화 〈생활비 벌기〉가 제작되었지만 흥행에 실패하고 만다. 다행히 곧바로 제작한 두 번째 영화 〈베네치아의 어린이 자동차 경주〉가 큰 성공을 거두며 채플린은 유명세를 얻기 시작했다. 헐렁한 바지와 몸에 꼭 끼는 재킷, 중절모와 지팡이, 짧고 도톰한 콧수염, 나비넥타이와 낡고 해진 커다란 구두, 특이한 걸음걸이 등 채플린이라는 이름을 떠올릴 때마다 자동적으로 함께 연상되는 캐릭터가 모두 이 영화에서 처음으로 등장하였다.

1914년 이후 채플린은 배우, 감독, 제작자로서 왕성하게 활동하며 수십 편의 영화를 제작하였다. 그의 대표작으로는 방랑자(1915), 키드(1921), 파리의 여인(1923), 황금광 시대(1925), 서커스(1928), 가로등(1931), 모던 타임스(1936), 독재자(1940), 살인광 시대(1947), 라임라이트(1952)와 마지막 작품인 뉴욕의 왕(1957)

등이 있다. 이중에서도 〈모던 타임스〉는 자본주의 사회의 물질만 능주의와 인간 소외를 날카롭게 비판하였고, 〈살인광 시대〉는 제국주의 전쟁의 범죄성을 파헤친 가장 뛰어난 작품이었다.

하지만 당시 미국 보수진영은 채플린의 비판정신을 받아들이지 못했고, 매카시즘의 광풍 아래 채플린을 공산주의자로 몰아가기 시작했다. 1952년, 미국 정부는 〈라임라이트〉의 시사회를 위해 영국으로 출발한 채플린에 대해 재입국 금지를 발표하였다. 미국으로부터 추방당한 채플린은 중립국인 스위스 브베에 정착하여 여생을 보내야 했다. 1972년, 채플린은 아카데미 특별상Honorary Award을 수상하기 위해 미국을 일시 방문한다. 20년 만에 백발의 모습으로 돌아온 그가 단상에 나타나자, 모든 관중은 자리에서 일어나 기립 박수를 보내며 경의를 표하였다.

73세의 나이에 막내아들을 낳은 채플린은 평생 4번의 결혼생활을 하였다. 마지막은 54세 때 극작가 유진 오닐의 딸로 당시 18살이었던 우나 오닐Oona O'Neill과의 결혼이었다. 1977년 12월 25일, 채플린은 오닐과 가족들이 지켜보는 가운데 마지막 숨을 거두었다. 향년 88세.

채플린의 삶에는 희극과 비극이 동시에 존재한다. 그 역시 "세상은 내게 최상의 것과 최악의 것을 동시에 선사했다"고 술회하였다. 부모의 이혼, 아버지의 죽음, 어머니의 정신질환, 빈민구호소와 길거리에서의 비참한 생활, 공산주의자라는 누명과 함께 찾아온 추방생활 등이 그의 인생을 어둡게 만든 '비극'이라면, 세계 최고의 배우이자 감독, 제작가로서 누렸던 부와 명예는 그의 삶을 밝게 비춰 준 '희극'일 것이다.

　채플린은 자신이 만든 영화 속 주인공처럼 비참한 현실 속에서도 희망을 잃지 않고 꿋꿋하게 역경을 헤쳐 나갔다. 그의 영화는 실패와 좌절에 빠져있는 수많은 사람들에게 삶에 대한 용기와 의욕을 불러일으켜 주었다. 어쩌면 채플린의 가장 큰 성공은 바로 이 점에 있다고 해야 옳을 것이다. 그는 단순히 뛰어난 연기력을 지녔던 한 명의 천재 배우가 아니라, 세상 사람들의 삶과 가치관에 엄청난 영향을 끼친 위대한 선각자였다. 오늘날까지 많은 사람들이 채플린에게 열광하는 것은 영화 속에서 그가 보여준 해학과 풍자, 삶에 대한 따뜻한 시선, 사람에 대한 애정, 희망과 긍정의 메시지를 잊지 못하기 때문일 것이다. 채플린이 남긴 말들을 살펴보자.

"이 험한 세상에서 영원한 것은 없다. 고민도 마찬가지다."

"인생은 가까이서 보면 비극이지만 멀리서 보면 희극이다. 그러므로 나는 멀리 보려고 노력한다."

"사람들은 제가 천부적인 재능을 타고 났다고 생각합니다. 그분들은 모르는 것이 하나 있습니다. 저는 한 번을 웃기기 위해 최소한 100번을 연습한다는 사실입니다. 당신은 100번을 연습한 적이 있습니까?"

채플린은 진정한 의미의 성공자다. 그는 세상 사람들에게 꿈과 용기, 웃음을 선물했다. 그는 자본주의의 모순을 고발했고, 세계인의 자유와 정의를 위해 싸웠다. 그는 타고난 재능이 아니라 피나는 노력을 해서 부와 명예를 손안에 넣었다. 그리고 그 모든 중심에는 자신에 대한 믿음과 희망이 있었다. 자신이 세계 최고의 배우라는 믿음, 반드시 밝고 행복한 미래가 펼쳐질 것이라는 희망이 그를 성공의 길로 이끌었다. 중국 작가 루신의 말처럼 희망이란 있다고도 할 수 없고 없다고도 할 수 없다. 성공을 원한다면 항상 희망의 길로 왕래하고, 인생을 희극으로 바라보라. 그것이 성공 비결이다.

코코 샤넬
Coco chanel

패션은 사라지지만 스타일은 영원하다

"사람들이 샤넬 패션에 관해 얘기하는 것을 나는 좋아하지 않는다. 샤넬은 다른 그 무엇도 아니라 하나의 스타일이다. 패션은 철 지난 것이 되어버리기 마련이다. 그러나 스타일은 결코 그렇지 않다. 패션은 사라지지만 스타일은 영원하다."

코코 샤넬Coco chanel, 1883~1971의 말이다. 미국 시사주간지 〈타임〉에서 '20세기를 이끈 가장 영향력 큰 여성 25인25 Most Powerful Women of the Past Century'의 한 명으로 선정되었던 사람. 불행했던 어린 시절을 극복하고 세기의 인물들과 사랑을 나누며 자유롭고 창조적인 삶을 살았던 그녀는 20세기 시대정신을 상징하는 대표 인물이다.

코코 샤넬의 본명은 가브리엘 보뇌르 샤넬Gabrielle Bonheur Chanel 이다. 그녀는 1883년 8월 19일, 프랑스 소뮈르라는 시골 마을의 한 병원에서 태어났다. 그녀의 아버지 알베르 샤넬은 이곳저곳을 떠돌아다니며 포도주를 파는 장돌뱅이였는데 자식에 대한 책임 감이라곤 손톱만큼도 찾아볼 수 없는 인물이었다. 12살 무렵 어머니가 결핵으로 사망하자, 아버지는 샤넬과 2명의 여동생을 수도원에 맡긴 후 미국으로 떠나 다시는 돌아오지 않았다. 이렇게 어머니의 죽음과 아버지로부터 버림받은 불우한 어린 시절을 보내던 샤넬에게 얼마 후에는 동생 줄리아마저 세상을 떠나는 갑작스런 불행이 닥쳤다. 샤넬은 슬픔에 사로잡혀 하루하루를 보냈고, 심한 몽유병을 앓기도 하였다. 이때의 영향으로 샤넬은 성인이 된 후에도 수녀원 시절의 이야기는 절대로 입 밖에 꺼내지 않았다.

파리 물랭의 기숙사로 거처를 옮긴 샤넬은 졸업 후, 18살이 되던 해에 낮에는 양복점 보조원으로 일하고 밤에는 카바레에서 노래를 부르기 시작했다. 당시 불렀던 '코코가 트로카데로에서 누구를 만났던가Qui qu' a vu Coco dans le Trocadero', '코코 리코Ko Ko Ri Ko'등이 인기를 끌면서 그녀는 '코코'라는 별명으로 불리기 시작했다.

1910년, 가수생활을 중단한 샤넬은 당시 교제 중이던 장교 에티엔 발잔의 후원으로 마르젤브 거리 160번지에 모자가게를 개업하게 된다. 또 얼마 후 1913년에는 아서 카펠의 도움을 받아 파리의 캉봉거리 21번지에 '샤넬 모드'라는 모자 전문점을 개업하였다. 샤넬이 만든 모자는 선풍적인 인기를 끌어 주문이 밀려들었다. 그 후 몇 년 동안 샤넬은 여러 개의 부띠끄들을 새로 오픈하였고, 사업 영역을 모자에서 드레스, 모조보석과 액세서리, 향수와 화장품 등으로 확장하며 성공을 다져나갔다.

영화배우 마릴린 먼로가 "밤에 잘 때 무슨 옷을 입고 잡니까?"라는 기자의 질문에 "샤넬 No.5"라고 대답한 향수는 1921년 5월 5일에 처음 선보였다. 숫자 5가 자신에게 행운을 가져준다고 믿었던 샤넬이 'No.5'라는 이름을 붙였다. 어느덧 그녀는 파리 사교계의 중심인물이 되었다. 모든 사람이 그녀를 소개받고 싶어 했고, 그녀가 만든 옷을 입고 있었다. 비교적 안정적이고 순탄한 삶이 지속되던 1939년, 샤넬은 가혹한 노동조건을 개선하기 위한 근로자들의 파업이 발생하자 큰 충격을 받았다. 얼마 후 제2차 세계대전이 발발하자, 샤넬은 패션계를 은퇴하였고 그로부터 15년 동안 일체 사업에 나서지 않았다.

1954년, 샤넬은 패션계에 다시 등장하게 된다. 그녀는 실용적이면서도 미적 감각이 넘치는 슈트를 선보였고, 낮은 굽이 달린 두 가지 색으로 된 슬링 백 펌프스 구두, 체인으로 된 손잡이가 달린 숄더백, 시폰으로 만든 이브닝드레스를 연이어 출시하였다. 이후 샤넬 브랜드는 20세기 패션의 흐름을 주도해왔다.

1971년, 파리의 릿츠 호텔에서 컬렉션을 준비하던 샤넬은 87세의 나이로 사망하며 불꽃 같은 삶을 마감했다. 그녀가 남긴 마지막 말은 "이것 봐, 이렇게 죽는 거야"라고 전해진다.

코코 샤넬의 삶은 그녀보다 조금 앞서 세상을 살다간 맨발의 댄서, 이사도라 던컨을 많이 연상시킨다. 두 사람 모두 당시의 시대 관념에 저항했으며, 여성의 자유를 노래했고, 뜨거운 사랑을 나누며, 열정적인 삶을 살았다. 한 사람은 춤으로, 다른 한 사람은 스타일로 세상의 흐름을 바꿨다. 아울러 비극적인 인생을 살다 간 이사도라 던컨처럼 코코 샤넬의 삶도 화려하게 성공했지만, 개인적으로는 그다지 행복하지 않았다.

샤넬은 정관계를 비롯해 피카소, 달리, 스트라빈스키, 헤밍웨이 등 수많은 문화예술계 인사들과 어울렸다. 그녀는 여러 명의 사람들과 사랑을 나눴지만 대부분 비극적인 결말로 마무리되었다. 샤넬의 첫 사랑이었던 아서 카펠은 교통사고로 사망하고 말았다. 그 소식을 들은 샤넬은 "카펠을 잃었을 때 나는 모든 것을 잃었다. 세월이 아무리 흘러도 채울 길 없는 공허를 남기고 카펠은 떠났다"고 말했다.

1923년 영국의 대부호 웨스트민스터 공작과 열애에 빠졌으나 결혼 대신 일을 택하기로 결심하며 관계가 중단되었다. 1935년, 결혼설이 나돌던 동갑내기 연인 폴 이리브는 테니스를 하다가 갑작스럽게 세상을 떠났다. 그 외 나머지 연인들도 대부분 사망하거나 파산하는 불운에 처하는 경우가 많았다. 이로 인해 샤넬은 항상 외로움을 느꼈고 그럴수록 더욱 일에 몰두했다. 한번은 샤넬이 친구들에게 이런 말을 남겼다.

"나의 친구들! 사실 친구란 없어."

반면에 코코 샤넬이 디자이너로서 남긴 업적은 실로 지대하였다. 그녀는 코르셋을 착용하던 1910~1920년대의 여성복에 대해 '왜 여자들은 쓸모없는 복장을 갖추어야 하는가?'라며 반발하였다. 그리고 몸을 꽉 조이던 코르셋과 무거워 보이던 헤어스타일 대신 샤넬 스타일 Chanel style이라는 독창적인 시그니처 룩을 선보였다. 샤넬의 핸드백은 최초로 어깨 끈을 부착하여 가방을 들어야 하는 불편함으로부터 여성의 손을 해방시켰고, 저지 소재의 짧은 스커트와 심플하고 스포티한 샤넬 수트는 여성들의 걸음과 동작을 자유롭고 편안하게 만들었다. 이 모든 것들이 지금으로서는 당연한 일로 받아들여지고 있지만 20세기 초반만 해도 쉽게 상상할 수 없었던 일종의 혁명이요, 해방이었다.

간단하게 말하면 코코 샤넬은 20세기 여성들에게 '자유'를 선물해 준 것이다. 1955년, 코코 샤넬은 '과거 50년간 가장 큰 영향력을 가진 패션디자이너'로 모드 오스카상을 수여하였다. 가난한 장돌뱅이의 딸로 태어나, 어린 시절부터 고아로 성장한 코코 샤넬은 어떻게 눈부신 성공을 거둘 수 있었던 것일까? 그녀는 다음과 같이 말하고 있다.

"사람들은 나의 옷 입는 모습을 보고 비웃었지만 그것이 바로 내

"성공 비결이었다. 나는 그 누구와도 같지 않았다."

코코 샤넬의 성공 비결을 한마디로 말하자면 남과 달랐다는 점이다. 그녀는 전통적으로 내려오던 여성복에 대한 관습을 타파하고 자유롭고 편한 옷을 만들었다. 그녀의 디자인은 실용적이면서도 심플하고, 세련된 아름다움이 담겨있었다. 20세기 초반은 여성의 사회참여가 늘어나고 양성평등에 대한 인권의식이 확대되던 시기였다. 이러한 시대적 배경과 맞물려 불편하고 틀에 박힌 옷에 싫증을 느끼던 여성들은 혁신적인 샤넬 스타일에 열광하게 된다.

샤넬은 여성들의 욕구가 변하고 있다는 사실을 꿰뚫어 보았고 새로운 시대에 걸맞은 스타일을 제시한 것이다. 성공을 위해서는 다른 사람과 다르게, 어제와 다르게 일해야 한다. 코코 샤넬의 말을 기억하자.

"무엇과도 바꿀 수 없는 존재가 되려면 늘 달라야 한다."

오프라 윈프리
Oprah Winfrey

나는 계속 달릴 것이다

토크쇼의 여왕, 영화배우, 아프리카계 미국인 최초의 억만장자, 잡지와 케이블TV, 그리고 인터넷까지 거느린 하포 엔터테인먼트 그룹 대표, 이 모두가 오프라 윈프리를 수식하는 말들이다.

오프라 윈프리Oprah Gail Winfrey의 인생은 고등학교 시절 방송국에서 후원하는 화재예방미인대회에서 1위를 하며 전환점을 만나게 된다. 이를 계기로 미국 10대 방송국인 WJZ 텔레비전의 뉴스 공동 앵커로 발탁되어 방송계에 입문하였다. 시카고 방송국의 에이엠 시카고AM Chicago 진행을 맡으며 이름을 알리기 시작했다. 1985년 '에이엠 시카고'가 '오프라 윈프리 쇼'로 바뀐 후 전국에 방송되며 그녀는 일약 방송계의 스타가 되었다. 2005년, 〈타임지〉는 '20세기 가장 영향력 있는 인물 100인'에 오프라의 이름을 올렸다.

비록 지금은 화려한 성공을 거두었지만 오프라 윈프리의 유년시절은 불행의 연속이었다. 1954년 미시시피 코시어스코에서 사생아로 태어난 오프라 윈프리는 여섯 살 때까지 외할머니와 함께 살았다. 엄마는 18세에 불과했으며 파출부로 생계를 해결하기도 바빠서 오프라를 돌볼 여력이 없었다. 오프라는 시골의 낡은 농가에서 감자포대로 만든 옷을 입고 자랐는데, 이 때문에 이름 대신 '감자포대 소녀'라는 별명으로 불렀다.

그녀는 전형적인 비행소녀였다. 남의 돈을 훔치고, 거짓말을 일삼았으며, 친구들과 함께 마약을 했다. 아홉 살 때 사촌오빠에게 강간을 당했고, 열네 살 때 임신하여 아이를 출산했지만 미숙아였던 아기는 2주일 후에 사망하고 만다. 그야말로 암담하고 절망적인 사건들로 가득 찬 불행 속에서 하루하루를 살아가고 있었다.

다행히 아버지 버논 윈프리와 새어머니 젤마 윈프리의 따뜻한 사랑과 보살핌을 받아 그녀는 정상적인 생활로 되돌아 올 수 있었다. 특히 오프라의 아버지는 독서의 중요성을 강하게 일깨워 주었으며 반드시 일주일에 책 한 권을 읽도록 지도하였다. 이때부터 오프라는 '두각을 나타내게 되면 인종차별과 성차별에서 자유로워질 수 있습니다. 그러니 탁월해지려 노력하세요'와 같은 문장을 외우고 다녔다고 전해진다.

오프라 윈프리는 엉뚱한 구석도 많았다. 미인대회에 출전해서는 "저는 상을 탈만큼 예쁘지는 않아요"라고 말하여 심사위원들을 놀라게 만들었고, 기자들로부터 미인대회에서 자주 1등 하는 비결에 대해 질문을 받자 "글쎄요, 내가 낭송했던 시 때문인가?"라고 대답한 적도 있었다. 오프라 윈프리 쇼를 진행할 때는 방송 도중에 굽 높은 구두를 벗어던지며 "이제 멋있게 보이려고 꾸미는 건 그만 둘래요"라고 말하기도 하였다.

오프라는 흑인 최초로 〈보그〉지 패션모델이 되기도 했으며, 1991년 달리기에 도전해서 107kg이던 몸무게를 2년 만에 68kg으로 줄여 화제가 되기도 했다.

그녀의 이름에서 여러 가지 신조어가 생겨났는데, 인생의 성공 여부는 개인에게 달렸다는 뜻의 '오프라이즘Oprahism', 오프라 쇼에서 다루면 사회적 파장을 몰고 온다는 의미의 '오프라이제이션Oprahization'이라는 말이 널리 유행하였다. 2010년, 그녀의 재산은 27억 달러(약 3조 5,000억 원)이며 2009년 한 해 동안 3억 1,500만 달러(약 3,500억 원)를 벌어들였다. 경제전문지 〈포브스〉가 선정한 '2010년 최고수입 20인'에 그녀의 이름은 1위로 발표되었다.

사생아, 미혼모에 불과했던 오프라 윈프리는 어떻게 성공의 정점에 도달할 수 있었을까? 먼저 그녀의 말을 들어보자.

"미래를 바라보았다. 너무 눈부셔서 눈을 뜰 수 없었다."

"다음에 무슨 일이 일어날지에 대해 걱정하지 않는 법을 배웠다."

"조금도 도전하지 않으려고 하는 것이 인생에서 가장 위험한 일이다."

"나는 자신에게 여러 가지를 입증해야 하는 데 그중 하나가 바로 두려움 없이 인생을 사는 것이다."

"인생의 승리자가 되려면 책임지는 사람이 되어야 한다. 과거에 머물러서 그 과거가 지금 당신을 지배하도록 놔둔다면 결코 성장할 수 없다."

오프라 윈프리의 말에는 낙천적이고 긍정적인 마인드, 희망, 도전정신과 용기 등이 가득 넘쳐난다. 아마도 이런 요인들이 그녀의 성공에 큰 힘이 되었을 것이다. 하지만 필자는 오프라 윈프리의 성공 비결은 성공에 대한 뜨거운 열망이었다고 생각한다. 어린 시절, 어떤 사람이 되고 싶냐'는 질문을 받으면 오프라 윈프리는 '셜리 템플처럼 유명한 사람이 되고 싶어요'라고 대답했다. 셜리 템플Shirley Temple은 미국의 유명한 여류 영화배우다. 오프라 윈프리 쇼 진행을 맡게 되자, 그녀는 이렇게 다짐하였다.

'3년 안에 나는 시카고에서 크게 성공할거야. 1년 뒤엔 내가 시내를 걸어가면 사람들이 나를 알아보고 "오프라 윈프리다!" 하면서 반겨줄 거야. 2년쯤 후에는 내가 지나갈 때마다 사람들이 날 보려고 마구 몰려들게 될 거야. 3년 후에 어쩌다 도나휴를 만난 사람들이 "도나휴 가끔 당신의 토크쇼를 볼 때가 있어요. 여전히

재밌더군요. 그런데 미안하지만 난 오프라 윈프리 쇼를 더 자주 봐요." 이렇게 말하게 될 거야.'

오프라 윈프리는 오랜 기간 간절하게 성공을 갈망했고, 지금도 계속 성공을 추구하고 있다. '하포 엔터테인먼트 그룹'을 설립해 영화, 출판, 인터넷 사업까지 진출하였고, 자신의 이름을 딴 잡지 〈O〉를 창간하였다. 미국의 위성 라디오 방송인 XM 새틀리트 라디오에 개인 라디오 채널을 개국하였고, 최근에는 시카고 웨스트 사이드 인근에 자신의 상품을 판매할 상점을 짓고 있다. 오프라 윈프리는 현재에 만족하지 않고 계속 성공가도를 달려가고 있는 것이다. 실제로 그녀는 다음과 같이 말했다.

"아직도 멀었다. 난 계속 달릴 것이다. 그리고 그 끝이 어떤지 내 눈으로 확인할 것이며 내가 포기하지 않고 그 결과를 볼 수 있을 거란 사실을 믿는다."

오프라 윈프리가 성공할 수 있었던 것은 '유명해지고, 크게 성공하고, 그리고 계속해서 달려가겠다'는 뜨거운 열망을 지녔기 때문이었다. 성공하고 싶은가? 그렇다면 오프라 윈프리처럼 큰 목소리로 말해 보라.

"3년 안에 나는 크게 성공할 거야."

룰라
Lula

내게는
유년 시절이 없다

"심장에서 우러나오는 정치를 하라."

"가난한 사람들을 돌보라."

"최선을 다해 민주주의를 실천하라."

2010년 12월, 룰라 전 브라질 대통령이 퇴임사에서 남긴 말이다. 사람들의 심금에 와 닿은 그의 어록은 한동안 트위터에서 큰 화제를 불러 일으켰다. 심지어 몇몇 국회의원들은 룰라의 연설문을 번역한 책을 공동 출간하며 '룰라 리더십' 연구에 나서기도 하였다.

대한민국에서 2만여km나 멀리 떨어져 있는 나라의 전前 대통령 퇴임사에 이렇듯 뜨거운 관심이 쏠리는 이유는 뭘까? 아마도 존경할 만한 대통령을 찾아보기 힘든 우리나라 정치현실에 대한 반증이 아닐까 싶다. 한 국가의 대통령이 된다는 것은 그 자체만으로도 큰 성공이라고 말할 수 있다.

그러나 대통령으로서의 진정한 성공은 국민들로부터 얼마나 지지와 존경을 받느냐에 따라 결정하기 마련이다. 그런 의미에서 볼 때 룰라는 누구도 부정할 수 없는 최고의 성공한 대통령이다. 2010년 12월 29일, 브라질의 여론조사기관 센수스·이보페가 룰라의 퇴임을 앞두고 실시한 조사에 따르면, 룰라 대통령에 대한 브라질 국민의 지지율은 87%였다. 상파울루 주를 비롯해 일부 지역의 지지율은 95% 수준에 육박했다. 정말 경이로운 일이 아닐 수 없다. 과연 룰라는 어떤 인물이며, 어떤 업적을 남겼기에 브라질 국민들의 전폭적인 지지와 사랑을 받고 있는 것일까?

루이스 이나시우 룰라 다 시우바Luiz Inacio Lula da Silva는 1945년 10월 6일, 브라질 동부 페르남부쿠에서 12남매 중 9번째로 태어났다. 네 명의 형제는 굶주림과 질병으로 인해 일찍 사망하였다. '룰라'는 어릴 적부터 부르던 애칭이었는데, 성인이 된 후 정식으로 이름에 덧붙여졌다. 일곱 살 무렵, 가난한 농부였던 부모를 따라 상파울루로 이주한 룰라는 땅콩과 오렌지를 팔기 위해 거리로 나서게 된다. 9살 때 아버지가 돈을 벌겠다고 집을 나가 다시는 돌아오지 않았다. 룰라는 세탁소 점원, 구두닦이, 환경미화원 등 닥치는 대로 일했다. 훗날 유년시절의 추억을 묻는 기자들의 질문에 그는 "나에게는 유년시절이 없다"고 대답했다. 그리곤 "일자리를 찾아 헤맬 때마다 자주 길거리에 주저앉아 흐느껴 울었다"고 고백하였다. 정규교육을 받지 못하는 그는 10살이 되어서야 간신히 알파벳을 깨우쳤다. 열네 살이 되었을 때, 룰라는 자동차공장의 선반공으로 취업을 하게 된다. 왼손 새끼손가락을 잃어버리는 사고를 당한 것이 바로 이 시절이었다. 볼트 수리를 하는 야간작업을 하던 중 동료의 실수로 손가락이 잘려나간 것이다.

20대 초반에 이르기까지 그는 아무런 희망을 갖지 못한 채 하루하루를 살았다. 그가 즐겼던 유일한 취미는 축구였으며 노조활동에는 별다른 관심이 없었다. 그러던 중 섬유공장 노동자로 일하던 부인이 병에 걸려 목숨을 잃는 사고가 발생한다. 1969년, 당시 임신 중이던 마리아가 회사 측의 무관심 속에 적절한 치료를 받지 못해 사망한 것이다. 슬픔과 분노에 잠겨있던 룰라에게 사회주의자인 형 치코가 찾아와 지하유인물을 건네준다. 비로소 자신과 브라질의 노동자, 빈민층이 처한 암울한 현실에 눈을 뜬 룰라는 노동운동에 뛰어들기로 결심한다.

룰라는 열성적인 활동을 통해 금속노조 대의원, 사회복지부문 제1비서를 거친 후 1975년, 조합원 10만 명의 브라질 철강노조 위원장에 당선되었다. 그가 위원장으로 활동하면서 브라질 철강노

조는 어용노조에서 벗어나 정부와 사용자를 대상으로 강력한 투쟁을 전개했다. 이 과정에서 룰라는 여러 차례에 걸쳐 감옥에 수감된다.

1980년, 룰라는 브라질 역사상 최초의 좌파 정당인 노동자당[PT] 창당을 이끌어낸다. 1984년 브라질의 대표적 민주화운동인 '디레타스 자(당장 직접선거를 실시하자는 뜻)'를 이끌면서 반독재 투쟁을 전개했다. 1986년, 군사정부가 물러나고 실시된 선거에서 룰라는 최고 득표를 기록하며 하원의원에 당선된다. 하지만 1989년, 1994년, 1998년 세 차례에 걸쳐 브라질 노동당의 후보로 대통령 선거에 출마하였으나 모두 실패했다. 낮은 지명도와 사회주의 정책노선에 대한 보수 기득권층의 반발 때문이었다. 룰라는 포기하지 않았고 마침내 2002년 10월 대선에서 승리했다. 그는 브라질 사상 최초로 노동자 계급에서 당선된 좌파 대통령이다. 룰라는 2006년 대통령 선거에 출마해 재선에 성공하였다.

룰라가 대통령으로 재임한 8년 동안 브라질에는 기적과 같은 놀라운 변화가 생겨났다. 그는 1억 9,000만 명의 브라질 인구 중 빈곤층에 해당되는 4분의 1의 가구를 대상으로 볼사 파밀리아(Bolsa Familia, 소득층 생계 보조 프로그램) 등 획기적인 복지제도를 시행하였다. 복지 포퓰리즘을 언급하며 반대하는 목소리도 많았지만 룰라는 "가난한 사람들에게 희망을 주는 게 모든 정책의 최우선이다"라고 말하며 강력하게 추진해 나갔다.

빈민들에 대한 식량 무상 제공, 저소득층 생계비 지원 등의 정책이 집행되자 이를 발판으로 2,100만 명이 빈곤에서 탈피했고, 3,600만 명이 중산층으로 도약하는 데 성공했다. 중산층이 두터워지자 소비가 늘어났으며, 기업의 생산도 활기를 띠기 시작했다. 집권 초기 12%에 달했던 물가 상승률은 4%대로 떨어졌고, 8년간 실질 경제성장률은 연평균 7.5%를 기록했다. 중산층 인구는 42%에서 53%로 증가했으며, 취임 초 170억 달러에 불과했던 외환보유고는 2,000억 달러를 넘어 채무국에서 채권국으로 전환됐다.

브라질은 현재 세계 8위의 경제대국으로 성장했다. 이 모두 2010년 12월, 룰라가 대통령에서 퇴임하기까지 만든 기록들이다. 하지만 룰라는 겸손하게 말하고 있다.

"모든 업적은 초등학교밖에 나오지 않은 노동자를 대통령으로 뽑아 준 국민에게 돌아가야 합니다."

룰라는 불황과 빈곤에 빠진 브라질 경제를 일으키며 살아있는 위인으로 추앙받고 있다. '역사상 가장 성공한 대통령' '민주주의 롤모델' '엘리트를 넘어선 노동자 대통령'등이 룰라를 말할 때면 으레 따라 붙는 수식어다. 미국 버락 오바마 대통령 또한 "룰라는 세계에서 가장 인기가 많은 대통령이며 내 우상이다. 그를 깊이 존경한다"고 말하였다. 룰라는 2010년 유엔 세계식량계획

WFP이 수여하는 '기아 퇴치상'을 수상하였고, 2011년에는 식량 및 농업 부문의 노벨상으로 불리는 '2011 세계 식량상'을 수상하였다. 대통령으로 재임하면서 브라질 빈민층의 기아와 빈곤을 줄이는 데 헌신한 공로가 인정받은 것이다. 가난한 사람들에게 꿈과 희망을 안겨준 룰라의 업적을 생각하면 당연한 일이라 생각된다.

룰라가 브라질 최초의 노동자 출신 대통령이 되기까지 많은 고난이 뒤따랐다. 가난, 아버지의 가출, 학업 포기, 구두닦이, 공장 노동자로서의 척박한 삶, 손가락 절단, 아내와의 사별, 노동운동 및 반정부 투쟁, 그에 따른 여러 번의 투옥, 세 번에 걸친 대통령 선거 낙선 등이 그가 겪어야 했던 역경들이었다.

이런 온갖 시련을 이겨내고 마침내 자신의 꿈을 이룰 수 있었던 것은 가슴속에 있던 강렬한 소망의 힘이었다. 어린 시절 룰라의 어머니는 어려움에 처할 때마다 룰라의 손을 잡고 이렇게 말했다.

"괜찮다. 잘 될 거야. 가난한 사람은 소망을 품고 살아간단다."

어머니의 말에 따라 룰라는 항상 가슴속에 소망을 품고 살았다. 그의 소망은 가난한 사람들에게 희망을 주는 것, 하루 1달러로 살아가는 4,000만 빈민들의 삶을 변화시키는 것, 브라질 엘리트들이 이루지 못한 것을 선반 노동자가 보여주는 것이었다. 실의와 좌절에 빠질 때마다 룰라는 더욱 강하게 소망했다. 그리곤 마침내 대통령으로 당선되었고 자신이 품어 온 소망을 멋지게 실현시켰다. 이제 룰라는 스스로 희망의 증거가 되었다. 브라질 국민들은 '룰라는 꿈을 실현할 수 있다는 것을 우리에게 가르쳐준 사람'이라고 말한다. 어찌 브라질 사람들뿐이겠는가! 룰라는 우리에게도 꿈은 실현할 수 있다는 사실을 알려주고 있다. 가슴속에 강렬한 소망을 품고 살아가라. 그것이 가난한 사람이 성공에 이르는 길이다.

마쓰시타 고노스케
松下幸之助

'때문에'가 아니라 '덕분에'라고 말하라

"나는 하느님이 주신 3가지 은혜 덕분에 크게 성공할 수 있었다. 첫째, 집이 몹시 가난해 어릴 적부터 구두닦이, 신문팔이 같은 고생을 통해 세상을 살아가는 데 필요한 많은 경험을 쌓을 수 있었다. 둘째, 태어났을 때부터 몸이 몹시 약해 항상 운동에 힘써 왔기 때문에 건강을 유지할 수 있었다. 셋째, 나는 초등학교도 못 다녔기 때문에 모든 사람을 나의 스승으로 여기고 누구에게나 물어가며 배우는 일에 게을리하지 않았다."

'경영의 신神'으로 불리는 일본 기업인 마쓰시타 고노스케松下幸之助, 1894~1989가 남긴 말이다. 보통 사람 같으면 가난, 건강, 학력 때문에 성공하지 못했다고 핑계가 되었을 조건들인데도 마쓰시타 고노스케는 정반대로 '덕분에'라고 생각하며 감사함과 겸손함을 잃지 않았다.

그는 항상 "감옥과 수도원의 차이는 불평하느냐, 감사하느냐에 달려있다"고 말하며 긍정적인 삶의 태도로 회사를 경영하였다. "호황도 좋고 불황이면 더욱 좋다"는 그의 말은 불황에 시달리던 경영자들에게 큰 희망을 주었으며, "청춘이란 마음의 젊음이다. 신념과 희망이 넘치고 용기에 차 매일 새로운 활동을 계속하는 한, 청춘은 영원히 곁에 있다"는 말은 환경의 변화에 쉽게 굴복하고 나이 탓만 일삼는 많은 사람들에게 준엄한 경종이 되고 있다.

마쓰시타는 1984년 일본 와카야마현에서 태어났다. 9세 때 초등학교를 중퇴한 것이 학력의 전부인 그는 1918년, 22세의 나이에 마쓰시타 전기를 설립하였다. 이후 독창적인 경영이념과 사업수완을 발휘하여 회사를 연간 매출액 5조 엔, 국내외 관련회사 590개, 사원 19만 명을 거느린 세계적인 대기업으로 성장시켰다.

흥미로운 사실은 마쓰시타 전기의 창립기념일이 1918년이 아닌 1932년 5월 5일이라는 점이다. 마쓰시타 고노스케가 '좋은 물건을 싸게 많이 만들어 공급함으로써 가난을 몰아내 물질적 풍요를 실현하고 사람들에게 행복을 가져다준다'는 회사의 사명을 정한 것이 바로 이 날이기 때문이라고 한다. 마쓰시타 고노스케는 노사 협력, 인재 중시, 종신 고용 등으로 대표되는 '일본식 경영'을 창시했으며, 1965년에 일본 최초로 주 5일 근무제를 시행하였다. 1979년에는 일본의 차세대 리더를 양성하기 위해 사재 70억 엔을 들여 마쓰시타 정경숙松下政經塾을 설립하였다. '경영은 혼이 살아 숨 쉬는 종합예술'이라고 주장했던 그는 2000년 초, 〈아사히신문〉이 발표한 '일본에서 과거 1000년간 가장 위대한 경영인' 1위에 선정되었다.

마쓰시타 전기가 글로벌 기업으로 발돋움할 수 있었던 것은 마쓰시타 고노스케의 '인간 존중의 경영관'이 크게 작용했기 때문이다. 그는 경영 자체를 '인간'으로 생각했으며, 인간을 '무한한 가치를 지닌 절대적인 존재'로 인식했다. 평소에 그는 고객들로부터 무엇을 만드는 회사인지 질문을 받으면 다음과 같이 대답하도록 사원들에게 가르쳤다.

"마쓰시타는 인간을 만드는 회사입니다. 그리고 전기제품도 만듭니다."

회사가 제품을 만들어 이윤을 창출하는 단순한 장소가 아니라 인격적인 인간을 만드는 곳이라는 기업 이념을 내세웠으니 참으로 대단한 인물이 아닐 수 없다.

아울러 마쓰시타 고노스케의 뛰어난 점은 이런 철학을 그저 생각에만 그친 게 아니라 실제로 행동에 옮겼다는 사실이다. 1929년, 일본에도 세계공황의 여파가 밀려왔다. 매출은 절반 이하로 줄었고 재고가 급증하여 보관 창고마저 부족한 상황이 되었다. 영업 부장으로부터 직원을 줄여야 위기를 극복할 수 있다는 보고를 받은 마쓰시타 고노스케는 전 직원을 불러놓고 이야기한다.

"오늘부터 근무를 반나절로 줄이고, 매주 이틀은 휴무에 들어간다. 생산 또한 절반으로 감축하겠다. 그러나 직원은 단 한 명도 줄이지 않으며 월급 또한 전액을 지급할 것이다. 함께 힘을 모아 재고품 판매를 위해 노력하자."

다른 회사와 마찬가지로 대량해고와 임금 삭감이 단행될 것이라 예상했던 직원들은 뜻밖의 조치에 눈물을 흘리며 감격했다. 모든 직원들은 휴일도 반납한 채 가족들과 함께 판매에 발 벗고 나섰다. 그 결과 두 달 만에 재고가 모두 소진되었으며 공장은 다시 정상 가동에 들어갈 수 있었다. 마쓰시타 고노스케의 탁월한 경영 철학이 다시 한 번 빛을 보는 순간이었다.

마쓰시타 고노스케는 경영의 핵심을 인간으로 보았다. 그는 창업 초기 직원을 새로 뽑으면 일정 기간 기숙사에 입주시켜 직장과 사회생활에 필요한 가치관과 규율을 직접 가르쳤다. 그의 부인은 몸 상태가 좋지 않은 직원에게 적합한 식사를 제공하고, 뜸을 뜨는 등 건강을 챙겼다. 그는 모든 직원을 수평적인 관계로 평등하게 대했고, 항상 겸손한 자세를 유지하기 위해 노력했다. 사람을 다루는 솜씨가 능숙하다는 평가를 듣자 그는 다음과 같이 말했다.

> "나는 배운 것도 적고 특별한 재능도 없는 평범한 사람이다. 그런데 사람들은 내가 경영을 잘한다거나 인재를 잘 활용한다고 평가한다. 나는 스스로 결코 그렇게 생각하지 않지만 그런 말을 들으면 한 가지 짚이는 점이 있다. 내 눈에는 모든 직원들이 나보다 위대한 사람으로 느껴진다는 것이다. 물론 나는 사장이나 회장이라는 지위에 앉아 있었기 때문에 겉으로는 직원들을 꾸짖을 때가 많았지만, 속으로는 늘 상대방이 나보다 위대한 사람이라고 생각했다."

마쓰시타 고노스케가 일본 1000년 역사상 가장 위대한 경영인으로 선정된 것은 단순한 경영능력뿐만이 아니라 이처럼 겸손한 마음을 지니고 있었기 때문이다. 모든 사람을 자신보다 위대하다고 생각할 수 있는 겸손함이 바로 그의 위대함인 것이다.

1989년 4월 27일, 마쓰시타 고노스케는 94세를 일기로 세상을 떠났다. 그는 노동조합이 동상을 세워준 유일한 재벌 회장이라는 기록도 보유하고 있다. 찰즈 시키즈의 말처럼 마쓰시타 고노스케의 인생도 공평하게 출발하지 못했다. 그러나 그는 불평불만이나 핑계가 아니라 감사하는 마음, 그리고 약점을 강점으로 바꿔나가려는 적극적인 노력과 의지로 성공을 이루었다. 인생은 공평하지 않다. 그러나 그것을 현실로 받아들이고 긍정적으로 생각하는 사람만이 성공을 얻을 수 있다. 성공을 원한다면 '때문에'라고 말하지 말고 '덕분에'라고 말하라.

이나모리 가즈오
稻盛和夫

성공에 대한 갈망을 가득 채워라

　이나모리 가즈오稻盛和夫, 1932~는 일본의 실업가로 교세라, KDDI의 창업주이며 현재 일본항공의 회장이다. 그의 어린 시절은 그야말로 고난의 연속이었다. 아버지는 작은 인쇄소를 경영하였으나 전쟁 중에 비행기의 공습을 받아 잿더미가 되었고, 이때부터 가난이 시작되었다. 중학교 입시에서는 낙방하였고, 13세 때는 당시 불치병으로 여겨졌던 결핵에 걸려 힘겨운 병상생활을 이겨내야만 했다.

　대학 시험에서는 1지망에 불합격되었고, 가까스로 고향에 있는 가고시마 대학에 입학하였지만 대학을 졸업한 후에는 취업시험에 계속 실패하였다. 다행히 대학교 은사의 추천으로 도쿄의 초자 제조 메이커인 쇼후 공업에 입사할 수 있었다.

1959년, 이나모리 가즈오는 27세의 나이에 300만 엔의 자본금으로 교세라를 창업하였다. 그리고 단순한 원리원칙에 입각한 도덕경영, 정도경영을 통해 회사를 종업원 6만 3,000명, 자회사 213개, 매출액 15조 엔이 넘는 글로벌 기업으로 성장시켰다. 또한 그는 회사 조직을 공정별·제품별로 쪼개 독립채산이 가능한 아메바 경영을 창시하였으며 젊은 경영자를 위한 인재양성기관 이나모리 학교를 설립하여 후진 양성에 앞장섰다. 이나모리 가즈오의 경영철학을 배우기 위한 경영모임 '세이와주쿠盛和塾'는 전 세계 50여 개 지역에 설치될 정도로 인기가 많은데, 소프트 뱅크 손정의 회장도 세이와주쿠 출신으로 알려져 있다.

과연 이나모리 가즈오 회장의 성공 비결은 무엇일까? 여기에 관련된 흥미로운 일화가 하나 전해진다. 이나모리 가즈오가 창업한 지 얼마 되지 않았던 시절, 하루는 마쓰시타 전기의 창업자 마쓰시타 고노스케의 지방 순회강연에 참석하게 되었다. 이날, 마쓰시타 고노스케는 강연의 대부분을 자신이 만든 댐 경영 이론에 대해 설명하였다.

"댐이 없는 하천은 큰 비가 내리면 홍수가 나고, 가뭄이 들면 바닥까지 말라버린다. 그러나 댐을 만들어 물을 저장하면 날씨나 환경에 좌우되지 않고 수량을 자유롭게 조절할 수 있다. 경영도 호경기일수록 불경기에 대비해야 하며 댐에 물을 저장하듯이 자원을 비축해 놓고 회사를 경영해야 한다."

마쓰시타 고노스케의 설명이 끝나자 참석자 중 한 명이 손을 들고 질문을 던졌다.

"저희처럼 모든 것이 부족한 중소기업에서는 댐 경영이 생각처럼 쉽지 않은 일입니다. 어떻게 하면 그런 댐을 만들 수 있을까요?"

그 말을 들은 마쓰시타는 다음과 같이 대답했다.

"그런 방법은 저도 모릅니다. 하지만 댐을 만들겠다는 생각이 없으면 안 됩니다."

순간, 강연회장에 있던 수백 명의 중소기업 경영자들은 실망과 함께 일제히 폭소를 터뜨렸습니다. 마쓰시타 고노스케가 농담을 했다고 생각한 것이었다. 그러나 이나모리 가즈오는 온몸에 전류가 흐르는 듯 강한 충격을 받고 몸을 꼼짝할 수 없었다. 그의 마음속에는 다음과 같은 생각이 떠올랐다.

'댐을 만드는 방법은 사람마다 다르므로 일률적인 방법을 가르쳐 줄 수는 없다. 그러나 댐을 만들고 싶다는 생각은 반드시 해야 하며 그 생각이 모든 것의 시작이다. 강렬하게 원하면 방법은 저절로 나타나기 마련이며 목표는 성취될 수 있다. 다만, 그저 생각하는 것만으로는 안 되며 자나 깨나 끊임없이 바라고 원해야 한다. 머리끝에서부터 발끝까지 온몸을 그 생각으로 가득 채우고

피 대신 '생각'이 흐르게 해야 한다. 그 정도로 한결같이 하나만을 생각하는 것, 그것이 성공에 이르는 원동력이다.'

이나모리 가즈오는 자신의 꿈을 이루고 싶다는 염원이 간절했고 마침내 빛나는 성공을 거둘 수 있었다. 현재 그는 마쓰시타 고노스케, 혼다 소이치로와 더불어 가장 존경받는 '일본의 3대 기업가' 중 한 명으로 손꼽히며 '살아있는 경영의 신' '살아있는 전설'로 칭송받고 있다.

한편 그는 폭넓은 인맥을 구축했던 것으로도 유명하다. 민주당이 50년 만에 정권을 잡게 되자 오랫동안 자민당과 밀월관계에 빠졌던 재계는 대책 마련에 분주했는데, 이때 민주당 간부들과 인맥을 맺고 있던 유일한 인물이 이나모리 가즈오였다. 실제로 그는 중의원이 해산된 직후, 도쿄 시내 일본 요리점에서 하토야마 유키오 대표, 오자와 이치로 총재 등 민주당 간부들과 회식을 하며 격려했을 정도로 깊은 친분을 과시하였다. 아울러 하토야마 내각이 출범하며 신설한 행정쇄신위원회에 공식위원으로 참여할 만큼 밀접한 관계를 맺고 있었다.

이나모리 가즈오는 한국과도 밀접한 관련을 맺고 있다. 그의 부인 아사코는 씨 없는 수박으로 유명한 우장춘 박사의 넷째 딸이다. 이나모리 가즈오는 남을 위하는 마음이 비즈니스의 출발점이라 생각했으며 항상 사람에 대한 배려와 이타심을 강조하였다. 거짓말하지 않기, 타인에게 피해주지 않기, 정직하게 행동하기, 욕심 부리지 않기, 자기 것만 생각하지 않기 등과 같이 인간으로서 당연히 지켜야 할 규범들을 경영 지침으로 삼았다. 이나모리 가즈오가 일본 국민들로부터 존경받는 이유는 이처럼 가장 기본적인 원칙에 충실하며 사람을 소중히 여기고 인간중심의 경영을 실천하였기 때문인 것이다.

미국 스탠포드 대학에서는 캘리포니아 지역의 초등학생과 중학생 25만 명을 대상으로 반세기에 걸쳐 조사를 실시한 후 성공의 핵심 비결로 '성공에 대한 강한 욕구'를 손꼽았다. 다소 아이러니하게 들릴 수도 있겠지만 이나모리 가즈오가 이야기한 '온몸을 피 대신 생각으로 가득 채우고, 한결같이 하나만을 생각하는 것'이 바로 스탠포드 대학에서 이야기한 '성공에 대한 강한 열망'일 것이다. 성공을 원하는가? 머리부터 발끝까지 성공에 대한 생각으로 가득 채워라. 그러면 성공의 방법은 저절로 나타날 것이다.

2장

신체적 장애와 질병을 정신력으로 이겨내다

닉 부이치치
Nicholas Vujicic

내 인생에 한계는 없다

　2010년 10월 8일, 아주대학교 강당에는 수백 명의 청중이 운집해 있었다. 이윽고 사회자의 소개와 함께 어떤 사람의 품에 안긴 채로 한 젊은이가 등장했다. 잠시 후, 연단 위 탁자에 놓인 그의 모습은 충격 그 자체였다. 그는 양팔과 다리가 없었고, 작은 왼발과 발가락 두 개가 전부였다. 머리에 헤드셋을 쓴 그는 청중을 향해 밝은 얼굴로 인사를 하고 자신을 소개하기 시작했다. 그러던 중 그는 갑자기 중심을 잃고 쓰러져 버렸다. 갑작스러운 돌발 사태가 발생하자, 청중들은 일제히 당황하기 시작했다. 그에게 달려가 일으켜 세워줘야 하는지, 아니면 스스로 일어나도록 지켜봐야 하는지 판단하지 못한 채 강당 안에는 무거운 침묵이 넘쳐났다. 그때 그 젊은이가 말했다.

"보시는 것처럼 저는 지금 넘어져 있습니다. 아쉽게도 제게는 팔이 없어 일어날 수가 없군요. 만약 제가 일어서려고 노력하지 않는다면 저는 결코 일어날 수 없을 것입니다. 어렸을 때도 마찬가지였습니다. 자리에서 넘어지면 저는 일어설 수 없었죠. 그것은 매우 절망스럽고 비참한 경험이었습니다. 그러던 어느날 저는 혼자 힘으로 일어서겠다고 결심했습니다. 물론 그 일은 쉽지 않았어요. 아니, 정확하게 말하자면 마치 죽을 만큼 힘들었죠. 하지만 저는 포기하지 않았고 계속 노력했습니다. 그리고는 마침내 일어설 수 있게 되었습니다."

쓰러져 있던 젊은이는 얼굴과 머리를 바닥에 대고 자신의 모든 몸을 이용하여 안간힘을 쓰더니 마침내 똑바로 일어나는 데 성공하였다. 땀투성이 얼굴로 웃음을 지어보이는 그에게 청중들은 뜨거운 박수를 보냈고 여기저기서 흐느끼는 울음소리가 들려왔다. 그는 다시 이렇게 말했다.

"혹시 여러분들도 넘어져 있다고 느끼십니까? 그렇다면 일어서십시오. 포기만 하지 않는다면 누구라도 일어설 수 있습니다. 저 역시 처음에는 일어설 수 있다는 사실을 믿기 힘들었습니다. 그러나 끝까지 포기하지 않았고 결국 여러분이 보신 것처럼 스스로 일어설 수 있게 되었습니다. 두 팔과 다리가 없는 제가 일어설 수 있다면 팔다리가 있는 여러분은 훨씬 더 놀라운 일을 할 수 있을 것입니다."

닉 부이치치Nicholas James Vujicic는 1982년 12월 4일 오스트레일리아 멜버른에서 태어났다. 테트라-아멜리아 신드롬Tetra-Amelia Syndrom이라는 희귀병으로 인해 태어날 때부터 양팔과 다리가 없었다.

하지만 닉의 부모는 그를 다른 형제들과 똑같이 대했다. 때문에 자신이 남과 다르다는 사실을 깨닫게 된 것은 학교에 입학한 여섯 살 무렵이었다. 아이들은 닉에게 '괴물', '외계인' 같다고 놀렸다. 이로 인해 우울증에 빠진 닉은 죽고 싶다는 말을 자주 했고, 10살 때는 실제로 물이 가득찬 욕조에 몸을 던져 자살을 시도하는 등 절망적인 시간을 보내야 했다.

그러던 어느 날, 닉은 어머니로부터 한 장의 신문을 건네받는다. 거기에는 중증장애를 극복해나가는 한 남자에 관한 기사가 실려 있었다. 신문을 읽고 난 닉은 세상에는 자신과 같은 고통을 느끼는 사람이 많다는 것을, 그리고 신체적 장애가 있는 사람보다 마음의 장애가 있는 사람이 더 불행하다는 사실을 깨달았다. 그때부터 그의 삶은 변화하기 시작했다.

닉은 팔과 다리가 없으면 불가능하다고 여겨지던 일들을 하나씩 이뤄나갔다. 가장 먼저 왼쪽에 있는 두 개의 발가락을 사용해 글씨를 쓰고, 컴퓨터와 타자 치는 법을 배우기 시작했다. 얼마 후에는 전화 응답, 면도, 드럼 연주가 가능해졌으며 수영과 축구, 서핑과 같은 운동도 마음껏 즐길 수 있게 되었다. 닉은 장애인 학교가 아닌 일반인 학교에 진학했고, 대학에서는 회계와 재무학을 복수 전공했다.

그의 도전은 여기서 멈추지 않았다. 17살이 되던 해, 닉은 비영리단체인 '사지 없는 인생Life Without Limbs'을 결성하여 신체부자유자들을 위한 활동을 시작했다. 그리고 지금까지 전 세계 30여 개국을 다니며 300만 명이 넘는 사람들에게 용기와 감동을 선물했다. 2009년에는 그의 삶을 다룬 첫 번째 책, 《No Arms, No Legs, No Worries!》가 출판되었다. 그는 이제 전 세계인에게 희망 전도사이자 위대한 동기부여가로 존경받고 있다.

과연 사지가 없는 장애인으로 태어난 닉이 어떻게 일반인보다 행복하게 살 수 있는 걸까? 강연에 참석한 청중들로부터 이런 질문을 받자 닉은 이렇게 말했다.

"나에게도 한없이 절망스러운 때가 있었다. 세 번이나 자살을 시도했고, 항상 부정적인 생각에 사로잡혀 있었으며, 어디를 봐도 출구를 찾을 수 없었다. 그러나 결국 내가 어떻게 생겼는지는 중요하지 않다는 사실을 깨달았다. 사람들은 나를 보고 희망을 얻는다고 말하는데 나 역시 그런 사람들을 보며 희망과 용기를 얻을 뿐이다. 자신을 있는 그대로 사랑하라. 최고의 장애는 우리 안에 있는 두려움이다. 희망은 바로 뒤에 있지만 우리가 돌아보지 않기 때문에 찾지 못하고 있을 뿐이다."

닉의 이야기를 읽다보면 사람의 인생은 마음먹기에 달렸다는 사실을 다시 한 번 절실히 깨닫게 된다. 우리가 'Dream is now here'와 'Dream is now here' 중에서 무엇을 선택하느냐에 따라 행복과 불행이 결정된다. 또한 'I'm possible'과 'Impossible' 중에서 무엇을 선택하느냐에 따라 성공과 실패가 달라지는 것이다.

닉 부이치치는 양팔과 다리가 없이도 성공과 행복을 손안에 넣었다. 우리 또한 인생의 역경이 닥칠 때마다 'Dream is now here', 'I'm possible'의 마음가짐으로 이겨내야 한다.

닉 부이치치의 삶이 말하듯 인생은 공평하지 않다. 그러나 우리는 불공평한 인생을 공평하게 만들 수 있는 힘을 가지고 있다. 닉 부이치치가 할 수 있다면 우리도 할 수 있다. 아니, 그의 말처럼 우리는 더욱 놀라운 일을 할 수 있고, 해내야 한다. 희망의 증거, 닉 부이치치에게 감사하자. 그의 말처럼 우리의 인생에 한계란 없다.

난 정말 축복받은 사람이다.
지금 나는 그 누구도 상상하지 못했던 인생을 즐기고 있다.
나는 내 삶을 사랑한다.

나는 내 삶에 한계가 없다고 믿는다.
나는 날마다 도전한다.
팔다리가 없지만

나는 뭐든지 다할 수 있는
온전한 사람이다.

불러주는 곳이면 어디든지 가리지 않고
온 세상을 돌아다니며
사람들에게 소망을 심어 줄 수 있다니.
얼마나 멋진 삶인가!

레나 마리아
Lena Maria

나는 더 이상 장애인이 아니다

혹시 사는 게 너무 힘들다고 생각하는가? 꿈꾸고 있는 성공의 목표를 이루기가 너무 힘들다고 생각하는가? 그렇다면 잠시 레나 마리아에 대한 이야기를 들어보자. 먼저 그녀에 대해 소개하면 다음과 같다.

- 스웨덴 수영 국가대표
- 세계 장애인 선수권대회에서 4개의 금메달 획득
- 스톡홀름 음악대학 현대음악과 졸업
- 구족화가 협회 작가
- 성가대 지휘자
- 가스펠 싱어

- 도쿄 필하모닉 오케스트라 협연
- 전 세계인 언론으로부터 '천상의 목소리' 격찬
- 가수 겸 작곡가로 15년간 9장의 앨범 출시
- 스웨덴 국영방송 다큐멘터리 '목표를 향해' 주인공
- 프랑스, 독일, 네덜란드, 일본 등 10개국 언어로 출판된 베스트셀러 저자

정말 대단한 일이 아닐 수 없다. 보통 사람 같으면 한 가지 분야에서도 성공하기 힘든데 레나 마리아는 수영선수이자 화가로, 가수이자 작곡가로, 그리고 베스트셀러를 쓴 작가로 멋진 인생을 살아가고 있다. 충격적인 것은 그녀는 두 팔이 없고, 왼쪽 다리도 오른쪽의 절반 길이인 30cm밖에 되지 않는다는 사실이다. 그녀는 오직 한쪽 다리와 발만으로 이처럼 놀라운 결과를 성취한 것이다. 중증 장애를 지니고 있던 그녀는 어떻게 자신의 불운을 극복할 수 있었던 걸까? 그녀는 이렇게 말하고 있다.

"가끔 나는 내가 장애인인 것을 감사한다. 나는 대부분 다 해낼 수 있다. 그리 간단하지는 않지만 살아가는 것이 어렵지 않다. 남들과 사는 방식이 조금 다를 뿐이며 장애는 하나님이 내게 주신 특권이다."

레나 마리아Lena Maria는 1968년 9월 28일 스웨덴의 중남부 하보

마을에서 태어났다. 출생 당시 그녀의 몸무게는 2.4kg에 불과했다. 병원에서는 두 팔이 없고 한쪽 다리마저 짧은 그녀를 보호소에 맡기도록 권유하였다. 그러나 그녀의 아버지는 단호하게 대답했다.

"비록 두 팔이 없지만 이 아이에게 필요한 것은 가족입니다."

아버지 로루프 요한슨과 어머니 안나 요한슨은 레나를 정상아와 똑같은 방식으로 양육하기로 결심했다. 특별한 도움을 주지 않고, 모든 걸 혼자서 해나가도록 만들었다.

한 번은 정원에서 놀고 있던 레나가 돌부리에 걸려 넘어지고 말았다. 급한 목소리로 도움을 요청하는 레나에게 엄마는 이렇게 말했다.

"저기 울타리까지 굴러가 보렴. 울타리에 기대면 혼자서도 일어설 수 있을 거야."

부모의 교육방침과 정성 덕분에 레나는 점차 모든 것을 자신의 힘만으로 해결할 수 있게 되었다. 그녀는 3살 때부터 수영을 시작해 18세에는 국가대표가 되었다. 오랜 훈련을 통해 왼발로 펜을 잡고 글을 쓸 수 있게 되었으며, 정상적으로 학교 과정을 모두 마칠 수 있었다. 발가락으로 뜨개질을 해서 스웨터를 만들고, 십자수와 요리, 피아노 연주, 그리고 자동차 운전에 이르기까지 정상인과 똑같이 생활하고 있다. 비록 두 팔이 없지만 그녀는 한쪽 발만으로 모든 것을 완벽하게 해내고 있다. 또한 그녀는 매우 밝고 명랑하다. 초등학교 수업시간에 선생님이 질문을 하면 레나는 손 대신 발을 번쩍 들고 흔들면서 '저요, 저요'를 외쳤다고 한다. 한 언론과의 인터뷰에서 그녀는 다음과 같은 조크를 던지기도 하였다.

"팔이 없기 때문에 반지나 장갑을 잃어버릴 염려가 없어서 참 좋습니다."

물론 레나의 도전이 순탄하게 이뤄진 것만은 아니었다. 그녀가 한쪽 다리로 똑바로 일어서 걷는 데는 3년, 혼자 옷을 입기까지 12년이라는 시간이 필요했다. 그 기간 동안 그녀는 끊임없이 시도하고 실패하기를 수없이 반복했다. 하지만 그녀는 포기하지 않았고 자신의 상황을 절망적으로 생각하지도 않았다. 오히려 그녀는 자신의 장애에 대해 인생의 점핑보드와 같다고 말했다. 다이빙대의 발판인 점핑보드처럼 그녀의 장애가 자신의 인생을 더욱 풍성하고 행복하게 살 수 있도록 만들어 주었다는 뜻이다.

결국 그녀는 세상을 향해 더 높이 도약하는 데 성공했다. 1986년, 세계장애인 수영선수권에 출전한 레나는 50m 배영 종목을 포함해 4개의 금메달을 획득했다. 시상대에 올라선 그녀의 모습을 지켜 본 스웨덴 국민들은 뜨거운 감동의 눈물을 흘렸.

1988년, 스웨덴 국영방송에서 레나의 삶을 다룬 '목표를 향해'라는 다큐멘터리가 방영된 후 그녀의 삶에는 많은 변화가 찾아왔다. 가장 먼저 스웨덴 국왕의 장학금을 받아 미국으로 건너가 재즈와 가스펠을 공부하게 되었다. 1990년에는 구족화가 협회 작가로 공식 데뷔하였다. '한 발의 디바', '천상의 목소리'로 격찬을 받는 그녀는 지금까지 9장의 앨범을 발매했다. 1992년 이후 일본에서는 매년 크리스마스 때마다 공연이 열릴 정도로 큰 인기를 얻고 있다. 1996년에는 《발로 쓴 내 인생의 악보》라는 수기를 출간하였다. 이 책에서 그녀는 다음과 같이 말하고 있다.

"인간은 누구나 문제없이 인생을 살 수 없다. 인간으로서의 풍요로움이란 고난을 통해 얻어지는 것이라고 생각한다. 존경하는 사람들을 만났을때 그것을 느낀다. 인생의 고난을 극복한 삶이 그들을 존경하게 만든다. 그러한 사람들과 비교하면 내가 특별히 어려운 상황에 있다고 생각하지 않는다."

레나 마리아는 전 세계를 순회하며 절망과 실의에 빠져 있는 사람들에게 꿈과 용기, 희망을 전해 주는 가스펠 가수로서 활동하고 있다. 그녀는 '세상에서 가장 아름답고, 가장 위대한 발'을 가진 사람이다. 그녀는 왼발만으로 모든 것을 이루었고, 또 왼발만으로 무엇이든 할 수 있다고 믿는다. 그녀의 인생에 불가능이나 포기는 없으며 그녀는 자신이 더 이상 장애인이 아니라고 이야기한다.

"자신이 무언가를 혼자서 할 수 없으면 그 사람은 장애인이지만 혼자서 할 수 있다면 그때는 더 이상 장애인이 아니다. 그래서 나는 더 이상 장애인이 아니다."

세상에는 신체적인 장애를 지니고 사는 사람도 많지만 그보다는 정신적인 장애를 안고 살아가는 사람이 훨씬 많아 보인다. 장애란 별 게 아니다. 레나 마리아의 말처럼 스스로 무언가를 할 수 없다고 생각하면 장애인 것이다. 성공으로 향하는 길목에서 장애에 부딪치면 그것을 신이 내려 준 특권, 점핑보드로 생각하라. 그리고 강인한 의지와 노력으로 싸워 이겨라. 문제나 장애 없이 살아갈 수 있는 인생은 없으며, 성공의 풍요로움은 고난과의 승리를 통해 얻어지는 것이다. 레나 마리아가 할 수 있다면 당신도 할 수 있다. 믿음을 갖고 점핑보드에서 뛰어 올라라. 더 높이, 더 멀리 도약할 수 있을 것이다.

스티비 원더
Stevie Wonder

앞이 보이지 않는다고 꿈을 포기할 필요는 없다

Isn't she lovely

그녀가 사랑스럽지 않나요?

Less than one minute old

이제 갓 태어났죠.

Truly the angel's best

정말 천사의 최고 작품이에요.

Boy, I'm so happy

아! 나는 정말 행복해요.

We have been heaven blessed

우리는 하늘의 축복을 받았어요.

　미국의 유명 가수 스티비 원더가 사랑하는 딸 아이샤 모리스를 위해 만든 'Isn't she lovely'의 가사 일부분이다. 천사의 최고 작품으로 생각할 만큼 예쁜 딸이었지만, 정작 그는 아이의 얼굴조차 보지 못하였다. 어린 시절 사고를 당해 평생 앞을 보지 못하고 살아왔기 때문이었다. 하지만 그는 이처럼 따뜻하고 아름다운 노래를 부르며, 자신의 삶을 하늘의 축복으로 만들어 왔다.

　스티비는 지금까지 모두 21번에 걸쳐 그래미상을 수상하였다. 1989년에는 로큰롤 명예의 전당에 헌정되었으며, 2009년에는 제30회 몬트리올 국제 재즈페스티벌에서 마일스 데이비스 상을 수상하였다. 전자 키보드 악기를 능숙하게 연주하는 그는 21세기 가장 개성 있는 음악가의 한 사람으로 손꼽힌다. "당신들이 보는 세상보다 내가 듣는 세상이 더 아름다울 수 있다"는 그의 말은 부정할 수 없는 진실이 되었다.

　스티비 원더Stevie Wonder는 1950년 5월 13일, 미시건 주의 작은 도시 사기노우에서 여섯 형제 중 셋째로 태어났다. 스티블랜드 모리스Steveland Morris가 본명이며 스티비 원더는 음악 활동을 시작하며 갖게 된 예명이다. 그는 여덟 달 만에 세상에 태어나 출생 직후 인큐베이터에서 지내야 했다. 이때 관리자의 실수로 산소가

과다 공급되며 눈의 망막이 파손되었다.

다행히 스티비는 어릴 때부터 피아노, 드럼, 오르간, 하모니카 등의 악기를 자유자재로 다루며 음악에 재능을 나타냈다. 여덟 살 때부터 교회 성가대원으로 활동했고, 12살 때 모타운 레코드사와 계약을 맺고 'Fingertips'를 발표하였다. 이 노래는 발매 즉시 팝 차트 1위, 소울 차트 1위에 올라 세상을 깜짝 놀라게 만들었다. 스티비는 'Uptight Everything's Alright', 'You Are the Sunshine of My Life', 'Sir Duke', 'I Just Called to Say I Love You'를 비롯한 수많은 히트곡을 부르며 가수로서의 성공을 다져나갔다. 2008년, 빌보드지에서는 50년간 차트 순위 상위권을 차지한 아티스트들의 명단을 발표했는데, 스티비 원더는 5위로 이름이 올랐다.

화려하게 성공한 스티비의 어린 시절은 암담 그 자체였다. 그는 자신의 유년시절을 회고할 때 '흑인, 가난, 맹인'이라는 세 단어로 압축하였다. 가난한 집안, 흑인에 대한 인종차별, 앞을 보지 못하는 장애로 인해 그는 항상 외톨이였다.

그러던 어느 날, 결정적인 변화를 가져다주는 사건이 일어난다. 평상시처럼 학교에서 수업을 받고 있는데 갑자기 쥐 한 마리가 나타났다. 학생들이 혼비백산하여 뛰어다니는 사이 쥐는 어디론가 사라져 버렸다. 이때 선생님이 스티비에게 말했다.

"혹시 쥐가 어디에 있는지 알 수 있겠니?"

친구들이 침묵을 지키는 가운데 스티비는 귀를 기울여 쥐가 숨어있는 장소를 찾는 데 성공하였다. 선생님은 다시 이렇게 말했다.
"너는 다른 친구들에게는 없는 특별한 재능이 있구나. 네가 가지고 있는 능력을 잘 활용하렴."

이 일을 계기로 스티비는 음악에 대한 관심을 더욱 키워나갔다. 12살에 데뷔한 후, 그는 가수로서 명성을 높여 나갔다. 이탈리아 성악가 루치아노 파바로티는 콘서트에서 스티비를 만났을 때 '훌륭한, 아주 훌륭한 음악 천재'라고 칭찬하였다.

물론 성공의 이면에는 실패와 좌절도 함께 찾아왔다. 나이가 들면서 변성기가 함께 와 한동안 슬럼프에 빠지기도 하였다. 첫 번째 부인 시리타 라이트와의 결혼생활은 2년 만에 이혼으로 끝났다. 1973년에는 그가 탄 자동차가 화물트럭과 충돌하는 교통사고가 일어났다. 스티비는 4일 동안 혼수상태에 빠졌다가 기적적으로 살아났다. 그는 앨범 〈Music Of My Mind〉를 발표하며 자신의 부활에 감사를 표시하였다. 이후에는 비교적 순탄한 삶을 살며 가수, 작곡가, 프로듀서, 사회사업가로서 왕성한 활동을 펼치고 있다. 스티비 원더의 음반은 지금까지 총 1억 장이 넘는 판매고를 올린 것으로 전해진다.

스티비는 '흑인, 가난, 맹인'이라는 콤플렉스를 긍정의 힘으로 극복했다. 시력이 없기 때문에 더욱 발달된 청각을 자신의 강점으로 삼아 음악가로서 성공할 수 있었다. 그는 이렇게 말했다.

"우리는 모두 저마다의 능력을 갖고 있습니다. 유일한 차이점은 어떤 사람은 그 능력을 사용하고, 어떤 사람은 그 능력을 사용하지 않는 데서 만들어질 뿐입니다."

나는 그의 생각에 전적으로 동의한다. 시력이 없다고 비전마저 포기해야 할 이유는 없다. 앞이 보이지 않는다고 성공하지 못할 이유도 없다. 스티비 원더는 분명하게 그 사실들을 깨우쳐 주고 있다. 그의 삶은 장애와 콤플렉스를 극복한 위대한 승리의 기록인 것이다. 여러분, Isn't he lovely?

랜스 암스트롱
Lance Amstrong

강하게 살자

2005년 7월 24일, 프랑스 파리의 샹젤리제 거리에는 수십만 명의 관중이 모여 있었다. 잠시 후 노란 유니폼을 입은 한 선수가 사이클을 타고 나타났다. 그는 여유 있는 모습으로 손가락 7개를 들어 보이며 결승선을 통과하였다. 순간, 모든 사람들이 일제히 환호성을 지르며 열광하였고 일제히 '암스트롱'의 이름을 외치기 시작했다. 바로 이 날은 '세계 최고의 사이클 영웅' 랜스 암스트롱이 제92회 투르 드 프랑스Tour de France 사이클 대회에서 우승을 하며 대회 7연패라는 불멸의 신화를 작성한 역사적인 순간이었다. 투르 드 프랑스는 해발 3,000m가 넘는 알프스 피레네 산악구간을 포함해 프랑스 전역 3,500km를 3주 동안 달리는 지옥의 레이스로 알려져 있다. 시상식 단상에 올라선 암스트롱은 이렇게 말했다.

"1%의 희망만 있으면 달릴 수 있다."

랜스 암스트롱Lance Amstrong은 1971년 9월 18일 미국 텍사스 주 플레이노에서 태어났다. 어머니는 17세에 결혼했고, 암스트롱이 두 살 때 이혼을 했다. 당연하게도 그는 친아버지의 얼굴조차 기억하지 못했다. 설상가상으로 재혼과 동시에 함께 살게 된 양아버지는 툭하면 폭력을 일삼던 인물이었다.

불우한 어린 시절을 보내던 그는 다행히 어머니의 적극적인 후원으로 플레이노 이스트 하이스쿨에 진학하였다. 그리고 여기서 수영과 사이클을 시작하게 된다. 이후 그는 15세에 텍사스 철인 3종 경기 신인상 수상, 16세에 아동부 철인 3종 경기 우승, 21세에 노르웨이 오슬로에서 열린 세계 사이클 선수권대회 우승을 거머쥐며 운동선수로서 큰 명성을 얻게 된다.

하지만 호사다마好事多魔라고 25살에 불과했던 그에게 '고환암'에 걸렸다는 청천벽력과도 같은 진단이 내려진다. 이미 암세포가 고환은 물론 폐와 뇌까지 전이되어 생존율이 3%도 채 되지 않는 절망적인 상황이었다. 항암 치료를 위해서는 뇌의 일부와 고환을 제거해야만 했다. 의료진에서는 그가 살아날 가능성이 거의 없다고 판정하였다.

그러나 암스트롱은 포기하지 않았다. 1년 6개월 동안 여러 차례에 걸친 수술과 매우 고통스러운 화학요법을 받으며 투병생활을 계속했다. 그리곤 마침내 기적적으로 완치에 성공하였다. 훗날 암스트롱은 이 시기를 다음과 같이 회상하고 있다.

> "암에 걸렸다는 사실을 알고 나서 자신에게 다짐했다. 내게 다시 한 번만 기회가 주어진다면 이번에는 정말 올바르게 살겠다고. 그리고 나 자신만을 위해서가 아니라 그 이상의 것을 위해 열심히 일하겠노라고."

1998년 2월, 암에서 회복한 암스트롱은 미국 우체국 US POSTAL 프로 사이클팀과 계약을 맺고 재기에 나섰다. 그리고 1년 후인 1999년, 제86회 투르 드 프랑스 대회를 시작으로 7년 동안 연속 우승을 차지하며 통산 7연패라는 전대후무한 금자탑을 쌓아올린다. USA 사이클링은 암스트롱의 투르 드 프랑스 우승을 '금세기 스포츠 역사에서 가장 잊지 못할 순간' 중 하나로 선정하였다. 암스트롱은 1999년 ABC가 발표한 올해의 세계운동선수로 선정되었고, 2002년 스포츠 일러스트레이티드 Sports Illustrated 잡지에서는 올해의 남자 스포츠 선수로 뽑히기도 하였다. 2005년 투르 드 프랑스 대회에서 은퇴를 선언한 그는 '랜스 암스트롱 재단'을 설립하여 '암 퇴치 운동'에 앞장서기 시작했다. 이 재단에서 제작한

'강하게 살자Live Strong'라는 글자가 새겨진 노란 고무밴드는 1달러에 판매중인데 전 세계적으로 6,000만 개가 넘게 팔리는 큰 호응을 얻으며 암 환자들의 지원금으로 보태지고 있다.

2007년, 암스트롱은 앤드리 애거시, 무하마드 알리, 안드레아 예거 등의 프로 스포츠 선수들과 함께 '애슬리츠 포 호프Athletes for Hope' 재단을 설립하였다. 이 단체는 5억 달러의 기금을 조성하여 운동선수, 지역, 학교 등에 스포츠를 통한 새로운 희망을 전달하는 것을 목표로 하고 있다. 암스트롱은 2008년 9월 9일 현역 복귀를 선언했으며, 2009 투르 드 프랑스 대회에 출전하여 3위를 차지하였다. 2011년 2월, 사이클 황제 암스트롱은 영원한 은퇴를 선언했다.

최근에는 뉴욕 마라톤에 출전하여 2시간 59분대에 골인하기도 하였다. 불우했던 성장과정과 불치에 가까웠던 암을 이겨내고 승리의 주인공이 된 그의 삶은 많은 사람들에게 희망과 용기를 주고 있다. 랜스 암스트롱의 성공 비결은 무엇일까? 무엇보다 긍정의 힘을 손꼽을 수 있을 것이다. 어린 시절, 그는 어머니로부터 "부정적인 모든 것을 긍정적인 기회로 삼아라"는 말을 들으며 자랐다. 이런 영향으로 그는 강인한 정신력과 긍정적인 마인드를 지닐 수 있었다. 그의 표현을 빌리면 '당황스러운 상황을 무시해 버리는 능력과 불평하지 않고 고통을 견디어 내는 능력'을 발휘하게 된 것이다.

하지만 모든 일들이 생각대로만 된 것은 아니었다. 암을 극복하고 복귀를 선언했지만 아무도 관심을 갖지 않았고, 계약을 제안하는 곳은 아무도 없었다. 몇 차례의 사이클 경기에 출전했지만 기록 역시 저조했다. 암스트롱은 자포자기 심정으로 선수 생활을 중단해야겠다는 결심을 한다. 다행히 아내의 만류로 은퇴 선언은 보류했지만 한동안 룸펜 생활을 하며 지냈다. 나중에 뚜르 드 프랑스에서 우승한 후부터는 끊임없이 약물 복용 의혹에 시달려야 했다. 그러나 암스트롱은 모든 고통과 역경을 이겨냈고 마침내 전설적인 영웅이 되었다.

랜스 암스트롱의 위대한 점은 단지 사이클 경기에서 일곱 번을 승리했다는 것이 아니라 고통과 한계에 굴복하지 않았다는 사실이다. 그는 자신이 암을 이겨낼 수 있었던 이유를 다음과 같이 설명했다.

"암이 내 육신을 바꿔 놓은 것은 아니다. 다만, 내 정신을 바꿔놓았을 뿐이다. 고통이 주는 진짜 대가는 자신에 대한 올바른 자각이다. 고통 앞에서 포기한다면 고통은 영원히 나를 떠나지 않는다. 따라서 포기하고 싶은 마음이 들면 자신에게 물어봐야 한다. 평생을 고통과 함께 살고 싶은지 아니면 고통 아닌 것과 함께 살고 싶은지."

인생에서 성공이라는 결승점에 도착하기 위해서는 중간에 마주치는 불행과 고통을 이겨내야 한다. 고환암이라는 불운을 뚜르드 프랑스에 도전하는 계기로 생각한 암스트롱처럼 부정적인 모든 것을 긍정적인 기회로 만들어야 한다. 고통은 순간이지만 포기의 여파는 평생이라는 암스트롱의 말을 가슴에 담아두자. 그리고 성공을 향한 레이스를 지금 힘차게 출발해 보자. Live Strong!

빈센트 반 고흐
Vincent van Gogh

모든 것을 바쳐
위대한 경지에 이르다

"50프랑 정도의 가격에 내 그림이 팔린다면 숨은 좀 돌릴 수 있을 것이다."

고흐가 동생 테오에게 보낸 편지에 적혀있는 글이다. 고흐는 태양의 화가, 영혼의 화가로 불리며 세계인의 추앙을 받고 있다. 하지만 정작 생존해 있는 동안에는 누구에게도 인정받지 못했다. 2,000여 점이 넘는 그림들은 대부분 팔리지 않았고, 그는 평생을 가난과 굶주림에 허덕였다. 그리곤 37살이라는 젊은 나이에 생을 마감하였다. 사람들은 이런 그를 가리켜 미술사에서 가장 불행하고 비극적인 화가라고 말한다.

1987년, 런던에서는 고흐의 작품 '해바라기'가 3,629만 달러라는 천문학적인 금액에 경매되었다. 단돈 50프랑이 없어 고통을 겪던 고흐가 권총 자살로 세상을 떠난 지 97년만의 일이었다. 고흐가 남긴 대표작으로는 '빈센트의 방', '별이 빛나는 밤', '밤의 카페', '감자 먹는 사람들', '아를의 도개교跳開橋', '자화상' 등이 있다.

빈센트 반 고흐Vincent van Gogh, 1853~1890는 1853년 3월 30일, 네덜란드 남부 브라반트 지방의 작은 마을에서 개신교 목사의 6남매 중 맏아들로 태어났다.

그의 젊은 시절은 순탄치 못하였다. 16세 때, 호우필 화랑의 헤이그 지점에 견습사원으로 들어갔지만, 신비주의에 빠져 일을 소홀히 하는 바람에 해고를 당했다. 그 다음 취직한 곳은 학교의 보조교사였는데 수업료를 제때 걷지 못해 몇 달 후 쫓겨나고 말았다. 한동안은 서점에서도 일했지만, 이 역시 오래가지 못하였다.

마지막에는 아버지의 권유에 따라 성직자가 되기 위한 공부를 시작했지만 암스테르담 신학대학에 낙방하였다. 전도사 양성학교에서도 자질이 부족하다는 이유로 6개월간 평신도로서의 전도활동만 허가받았다. 그마저도 광신도적인 기질과 극단적인 성격 때문에 그는 전 재산과 믿음을 잃어버린 후, 목사가 되려는 목표를 포기하고 말았다.

결국 고흐는 화가가 되기로 결심을 하고 파리로 건너가 드로잉을 배우며 본격적인 미술 공부를 시작하였다. 초기에는 브뤼셀,

헤이그, 앙베르 등에서 그림을 그리다 동생 테오의 도움으로 파리에서 활동하였다. 이 당시 고흐는 크리스틴이라는 매춘부와 동거를 하며 지냈는데 그녀는 알코올 중독에 매독 환자였다. 가족들의 강력한 반대와 생활비를 줄이고 그림에 전념하기 위해 고흐는 그녀를 저버리는 데 이 일로 인한 양심의 가책으로 오랫동안 고통을 받는다.

1888년 2월, 대도시 생활에 염증을 느낀 고흐는 프랑스 오를로 이주하며 예술촌 건설을 꿈꾸었다. 이때부터 그는 위대한 걸작들을 선보이기 시작했다. 2년 동안 무려 200점의 작품을 제작했는데, 매일 16시간 이상을 그림에 매달리곤 하였다.

특히 마지막으로 숨을 거둔 오베르에서는 '오베르의 교회' 등 70여 점의 그림을 그렸다. 두 달이 조금 넘는 기간이었으니 하루에 한 작품씩을 완성한 셈이다. 가히 고흐의 천재성이 가장 빛을 발하던 시기라 말할 수 있을 것이다. 당시 고흐는 자신의 심경을 이렇게 토로하고 있다.

"내가 표현하고 싶은 것은 감상적이고 우울한 것이 아니라 뿌리 깊은 고뇌다. 내 그림을 본 사람들이, 이 화가는 정말 격렬하게 고뇌하고 있다고 말할 정도의 경지에 이르고 싶다. 나의 모든 것을 바쳐서 그런 경지에 이르고 싶다. 그것이 나의 야망이다."

실제 고흐의 삶은 그리 행복하지 못했다. 비단 가난 때문만은 아니었다. 고흐는 평생 심각한 정신질환 증세에 시달리며 살았다. 이미 어렸을 때부터 광적인 격정과 우울증을 나타내 고흐의 아버지는 그를 정신병원에 입원시키려 들었다.

성인이 되면서 점점 증세가 심각해졌고 여러 차례 정신병 발작을 일으켰다. 의학계에서는 아직도 고흐가 앓았던 질환이 논란이 되고 있다. 지금까지 사람들이 추정한 병명만 해도 뇌전증, 조울증, 메니에르병 등 30가지가 넘는다.

1988년, 고갱과 말다툼을 벌인 고흐는 자신의 왼쪽 귀를 면도칼로 잘라버렸다. 1989년에는 음식에 독이 들었다는 환청에 사로잡혀 식음을 전폐하였다. 같은 해에 2번씩이나 그림물감의 튜브를 짜 먹으며 자살을 시도하기도 하였다. 마을 사람들은 그를 '빨강머리의 정신병자'로 부르며 경찰서에 탄원서를 제출했고, 생 레미 지방의 정신병원에 수용되었다.

1890년 1월과 2월, 고흐는 또 다시 발작을 일으켰다. 마지막 발작은 2개월 동안이나 계속되었다. 1890년 7월 27일, 고흐는 집 근처에 있는 들판으로 걸어가 자신의 가슴에 권총을 겨냥하였다. 온몸에 피를 흘리며 간신히 집으로 돌아온 그는, 이틀 후 테오가 지켜보는 가운데 숨을 거두었다. 고흐가 남긴 마지막 말은 '고통은 영원하다 La tristesse durera toujours'였다. 장례식 때 그의 관은 해바라기를 상징하는 노란 꽃으로 뒤덮였다.

고흐는 가난과 실연, 고독, 우울증, 발작, 요절 등으로 이어지는 비극적인 삶을 살았다. 그의 그림은 아무에게도 주목받지 못했고, 어쩌다 팔리는 경우에도 헐값에 불과했다. 고흐의 개인전은 그가 사망하고 2년 뒤인 1892년에야 처음으로 열렸다. 그는 조금이라도 많은 그림을 그리기 위해 물감을 아껴야 했는데, 40편 넘게 그린 자화상을 그린 이유도 모델을 구할 돈이 없었기 때문이었다.

이렇게 지독한 가난과 정신병으로 고통 받았지만, 고흐는 조금이라도 더 나은 작품을 만들기 위해 사투를 벌였다. 1899년, 생 레미 요양원에 갇힌 고흐는 다음과 같은 내용의 편지를 레오에게 보냈다.

"발작이 일어난 후 다음 발작까지 유지되는 안정기를 놓치고 싶지 않다. 그 사이 다른 의사를 만나고 싶다. 정신병원에 계속 갇혀 지내야 한다면, 환자들이 들판이나 작업장에서 일할 수 있는 병원에 가고 싶다. 그런 곳이라야 그림 소재를 더 많이 얻을 수 있다."

이처럼 그림에 대한 고흐의 집념은 무서울 정도였다. 그는 계속되는 발작 속에서도 위대한 경지에 이르겠다는 야망을 다졌고, 자신의 모든 것을 그림에 바쳤다. 그 결과 사람들의 영혼을 사로잡는 위대하고 강렬한 작품들을 완성하였다. 비록 생전의 삶은 불행으로 얼룩졌지만, 이제 그가 남긴 그림들은 불후의 명작으로 인정받고 있다. 고흐의 태양과 같이 강렬한 삶 또한 사람들의 가슴에 뜨거운 감동을 안겨주고 있다.

앞으로도 고흐의 이름은 그가 그린 그림과 함께 영원히 역사에 남을 것이다. 인생에서 위대한 경지에 도달하고 싶은가? 고흐처럼 모든 것을 걸고 승부하라. 그는 이렇게 말하고 있다.

"아무것도 시도할 용기가 없다면 도대체 인생이란 무엇이겠는가!"

아베베 비킬라
Abebe Bikila

나는 다만 달릴 뿐이다

　　1973년 10월 25일, 한 운동선수의 사망 소식이 전해지자 에티오피아 국민들은 일제히 슬픔과 충격에 빠져들었다. 갑작스런 뇌출혈로 세상을 떠난 그의 장례식에는 7만 5,000명의 사람들이 모여 함께 눈물을 흘렸다. 불과 41세의 나이로 생을 마감한 그의 이름은 아베베 비킬라, 에티오피아 말로 '꽃봉오리가 핀다'는 뜻이다. 아베베는 에티오피아 국민들과 전 세계인의 가슴에 뜨거운 감동을 선물하고 짧은 삶을 마감하였다. 하지만 그의 이름은 사람들의 가슴속에 영원히 꽃봉오리처럼 피어 있을 것이다. 에티오피아의 수도 아디스아바바의 성 요셉 공동묘지에 있는 아베베의 묘비명은 이렇게 시작하고 있다.

　　"영웅, 여기에 묻혀 있다."

아베베 비킬라Abebe Bikila, 1932~1973는 1932년 8월 7일, 에티오피아의 수도 아디스아바바에서 약 130km 떨어진 자토라는 마을에서 태어났다. 목동생활을 하며 어린 시절을 보낸 그는 20세 때, 하일레 셀라시에 황제를 모시는 근위대에 들어가 하사관으로 복무한다.

24세가 되던 1956년, 아베베는 전국 군인 마라톤대회에 참가해 당시 최고 기록을 보유하고 있던 와미 비라투Wami Biratu를 물리치고 우승을 거둔다. 얼마 후 5km, 10km에서도 신기록을 세우며 아베베는 올림픽 대회 출전권을 따게 된다.

1960년 9월 9일, 제17회 로마 올림픽 마라톤 경기 장면을 지켜보던 사람들은 콘스탄틴 개선문의 결승선을 통과하는 낯선 선수의 모습에 깜짝 놀랐다. 69명의 출전 선수 중에 아무도 주목하지 않았던 아프리카의 흑인 선수가 1등으로 들어온 것이었다. 게다가 당시만 해도 인간의 한계라고 여겨졌던 2시간 20분의 벽을 깬 2시간 15분 16초의 세계 신기록이었다. 더욱 놀라운 일은 이 선수가 아무 것도 신지 않은 맨발로 42.195km를 완주하였다는 사실이었다. 우승 소감을 묻는 기자들의 인터뷰에 아프리카 흑인 최초의 금메달리스트 아베베는 이렇게 말했다.

"나는 내 조국 에티오피아가 항상 단호하고 영웅적으로 시련을 이겨냈다는 사실을 전 세계에 알리고 싶었다."

아베베의 우승 외에도 이날은 에티오피아 국민들에게 매우 감격스럽고 뜻 깊은 일이었다. 그들에게는 1935년 이탈리아의 파시스트 무솔리니로부터 침공을 받아 6년 동안 조국을 무단 점령당한 뼈아픈 역사가 있었다. 에티오피아 국민들은 감격의 눈물을 흘리며 환호했고, 세계 언론은 아베베의 로마 올림픽 우승을 다음과 같이 묘사했다.

"에티오피아를 점령하기 위해서는 모든 이탈리아군이 필요했지만, 로마를 점령하는 데는 단 한 명의 에티오피아군으로 가능했다."

이때부터 아베베는 '맨발의 기관차', '맨발의 마라토너'라는 별명으로 불리기 시작한다. 그로부터 4년 뒤인 1964년, 아베베는 일본 동경올림픽에 출전한다. 불과 5주 전에 맹장염 수술을 받았다는 사실이 알려졌기에 그의 우승을 기대하는 사람은 아무도 없었다. 하지만 아베베는 2시간 12분 11.2초로 자신이 세운 세계 신기록을 갱신하며 가장 먼저 결승선을 통과한다. 올림픽 사상 최초로 마라톤 2연패를 달성하는 순간이었다. 경기를 마친 아베베는 이렇게 말했다.

"적은 67명의 다른 선수들이 아니라 바로 나 자신이었다. 나는 그 싸움에서 이긴 것이다. 나는 남과 경쟁해서 이긴다는 것보다 자신의 고통을 이겨내는 것을 언제나 우선으로 생각한다. 고통과 괴로움에

지지않고 마지막까지 달렸을 때 그것은 승리로 연결되었다."

아베베는 평생 15번의 마라톤 공식대회에 참가해 12번이나 우승을 차지했다. 한창 전성기였던 1964년에는 3회, 1965년에는 1회, 1966년에는 2회 우승을 거뒀다.

만약 아베베의 일화가 여기서 멈췄다면 우리는 그를 천재적인 마라토너로만 기억했을 것이다. 그러나 그의 위대한 면모는 1968년, 제19회 멕시코 올림픽에서부터 비로소 시작되었다. 모든 사람들이 아베베의 마라톤 3연패를 예상하고 있었지만, 그는 17km 지점에서 갑자기 경기를 포기하고 만다. 기자들의 확인 결과 놀라운 사실이 밝혀진다. 대회를 앞두고 왼쪽 다리에 골절이 생겨 아베베는 경주가 불가능한 상황이었다. 그러나 동료 마모 올데의 페이스메이커 역할을 하기 위해 위험을 무릅쓰고 출전을 감행한 것이었다. 결국 마모 올데는 우승을 차지했고, 아베베에게 금메달의 영광을 돌렸다.

1969년 3월, 아베베에게 불행이 찾아온다. 훈련을 마친 뒤, 황제가 하사한 폴크스바겐을 몰고 가다가 빗길에서 교통사고를 당했다. 사고 발생 10시간 만에 그는 목이 부러지고 척추가 손상된 채로 발견됐다. 하반신이 마비되어 다시는 뛸 수도, 걸을 수도 없는 절망적인 상황이었다. 아마도 보통 사람 같았으면 갑자기 닥친 가혹한 운명을 원망하며 깊은 비탄에 잠겼을 것이다. 그러나 아베베는 좌절하지 않았다.

"내 다리는 더 이상 달릴 수 없지만 나에겐 두 팔이 있다"

그는 새로운 도전에 나섰다. 1년 뒤, 노르웨이에서 개최된 눈썰매 크로스컨트리 대회에 아베베의 모습이 나타났다. 사고 발생 후 9개월 동안 피나는 훈련을 거친 그는 25km 경주에서 당당히 우승을 차지했다. 10km 경주에서는 특별상도 받았다. 비록 휠체어를 탄 몸이지만 불굴의 투지로 다시 돌아온 아베베에게 세상은 뜨거운 박수를 보냈다. 같은 해, 장애인 올림픽의 전신인 제19회 스토크 맨더빌 휠체어 게임에 출전한 아베베는 양궁과 탁구 종목에서 금메달을 획득했다.

1973년, 아베베는 41세의 나이에 뇌출혈로 사망했다. 그의 무덤 좌우엔 마라톤 우승 골인 장면을 묘사한 두 개의 동상이 서 있다. 한쪽은 로마올림픽 때의 맨발의 아베베, 다른 쪽은 운동화를 신고 결승선에 들어오는 도쿄 올림픽 골인 장면이다. 아베베의 묘비명은 다음과 같이 끝을 맺고 있다.

"그의 업적이 전 세계 스포츠 정신의 귀감이 되다!"

2008년 7월, 미국의 스포츠 전문 격주간지 〈스포츠일러스트레이티드[SI]〉는 아베베의 런던 올림픽 마라톤 우승을 '역대 올림픽 감동 스토리 8선(選)'에 선정하였다. 같은 해, 영국 유력 일간지 〈타임스〉 역시 아베베의 맨발 투혼을 '올림픽 게임 최고의 순간'에 선정하여 발표하였다. 아베베는 죽었지만 그의 이름은 에티오피아의 영웅, 아프리카의 영웅, 그리고 전 세계인의 영웅으로 남았다. 그는 스포츠 정신의 귀감인 동시에 불굴의 삶을 살다간 인간 승리의 표본으로 영원히 기억될 것이다.

아베베의 삶처럼 인생에는 성공과 실패, 행운과 불운이 함께 하기 마련이다. 어떤 경우에도 우리가 할 일은 최선을 다해 힘껏 달리는 일 뿐이다. 맨발의 마라토너, 아베베가 그랬던 것처럼 말이다.

"1등을 위한 것도, 결승점을 위한 것도, 신기록을 위한 것도 아니었다. 나는 다만 달릴 뿐이다."

리처드 브랜슨
Richard Branson

내가 상상하면
현실이 된다

"나는 만약 어떤 일에서 재미와 즐거움을 더 이상 찾을 수 없다면 드디어 다른 일을 찾아야 할 때가 된 것이라고 믿는다. 행복하지 않게 시간을 보내기에는 인생은 너무 짧다. 아침에 일어나면서부터 스트레스를 견뎌야 하고, 비참한 기분으로 일터로 나간다면 삶에 대한 올바른 태도가 아니다."

당신은 위에 적은 글을 읽거나 이해할 수 있는가? 그렇다고 대답한다면 다행스럽게도 당신은 난독증 환자는 아닐 것이다. 난독증難讀症, dyslexia은 글자를 읽거나 이해하는 데 어려움을 느끼는 장애 증상을 의미한다. 난독증이 있는 아이는 학습지진아로 오해받아 자신감을 잃고 좌절하기 쉽다. 자연스럽게 학습능력 또한 다른 아이들에 비해 뒤처지고 정상적인 학교생활에 어려움을 겪는다.

영국 버진 그룹의 리처드 브랜슨Richard Charles Nicholas Branson 회장은 어렸을 때부터 지독한 선천성 난독증에 시달렸다. 아무리 노력해도 학업 성적은 항상 꼴찌를 맴돌았다. 다행히 운동신경은 뛰어나 축구, 럭비, 크리켓 등에서는 남다른 실력을 나타냈다. 어쩌면 운동선수가 되었을지도 모르는 일이었지만 공교롭게도 경기 도중 무릎에 부상을 당해 더 이상 운동을 할 수 없게 되었다. 결국 브랜슨은 16세 때 고등학교를 중퇴하고 만다.

그러나 그는 자신의 인생을 비관하거나 실의에 잠겨있지 않았다. 오히려 도전정신으로 포기하지 않고 사업에 뛰어들었으며 마침내 영국에서 다섯 손가락 안에 드는 부자가 되었다. 재무제표조차 읽지 못하고, 부모에게 물려받은 유산도 한 푼 없었다. 그랬던 그가 세계적 경영컨설팅그룹 엑센추어에서 발표한 '50대 경영구루' 중의 한 사람으로 선정되는 성공을 이룬 것이다. 1997년에는 영국 여왕 엘리자베스 2세으로부터 기사 작위를 수여받는 영광을 누렸다. 영국 여론조사기관 오피니엄이 학부모들을 대상으로 '자녀가 모범으로 삼기를 바라는 인물'을 조사한 결과 브랜슨은 2위에 올랐다. 이처럼 화려한 성공을 거두며, 세계에서 가장 창조적인 CEO, 괴짜 CEO, 히피 사업가라는 별명을 얻고 있는 리처드 브랜슨은 과연 어떤 인물일까?

1950년 7월 18일, 리처드 브랜슨은 영국 런던에서 태어났다. 난

독중으로 인해 학업을 중단한 그는 18세에 학생잡지 〈스튜던트〉를 창간하며 사업에 뛰어든다. 물론 편집은 다른 사람에게 맡기고 그는 광고와 판매에만 전담했다. 〈스튜던트〉는 학교생활의 불합리한 관행을 비판하는 저항 잡지로 알려지며 학생들에게 높은 인기를 끌었지만, 사업적인 측면에서는 적자를 면치 못하였다.

그러나 이 과정에서 그는 새로운 사업 아이디어를 떠올릴 수 있었다. 당시에 많은 학생들이 비싼 가격에도 불구하고 음반을 구매하고 있다는 사실에 주목한 그는 우편으로 주문을 받아 싼 값에 판매하면 좋은 성과를 낼 수 있을 것이라 판단했다. 1971년, 브랜슨은 우편음반할인판매사업을 시작한다. 회사 이름은 처음 사업을 한다는 뜻에서 '버진virgin, 처녀'이라고 붙였다. 얼마 후 음반 판매만으로는 한계가 있다고 생각하여 직접 음반을 제작하는 버진 레코딩 스튜디오를 설립한다.

버진 레코드 사업은 순조롭게 성장을 거듭했고, 그는 음반사업에서 벌어들인 돈으로 나이트클럽, 영화배급, 게임 등의 분야로 점점 사업을 확장해 나갔다. 현재 버진 그룹은 항공, 철도, 레저, 스포츠, 미디어, 인터넷, 식품, 금융, 건강, 환경, 자선사업에 이르기까지 350여 개의 계열사를 소유하고 있다. 이렇게 사업을 성공적으로 이끌어 오는 과정에서 리처드 브랜슨은 번번이 기발한 아이디어와 행동으로 사람들을 놀래게 만들었다.

대표적인 사례로 버진 항공 창업을 손꼽을 수 있다. 1979년,

브랜슨은 약혼녀 조앤 템플맨과 함께 영국령 버진 아일랜드로 여행을 떠났다. 어느덧 휴가를 마치고 푸에르토리코로 가기 위해 공항에 도착했는데 모든 비행기가 예약이 마감된 상태였었다. 남아있는 유일한 방법은 2,000달러를 내고 전세 비행기를 이용하는 것이었다. 수중에 200달러도 남아 있지 않았지만 브랜슨은 지체 없이 전세 비행기를 계약했다. 그리곤 공항 대기실과 주변의 호텔을 돌아다니며 '버진 항공사, 푸에르토리코행 39달러'라고 홍보하며 비행기표를 판매했다. 순식간에 모든 좌석이 매진되었고, 그는 계약금 잔액을 지불할 수 있었다. 그의 손에는 공짜표 2장과 약간의 현금까지 남아있었다. 이것이 버진 항공의 비공식적인 첫 번째 운항이었다.

얼마 후 브랜슨은 정식으로 항공사업에 뛰어든다. 그가 설립한 버진 애틀랜틱에서는 일등석을 없애고 비즈니스 클래스 요금대의 '어퍼 클래스upper-class'를 선보였다. 여기에 탑승한 승객에게는 1등석 손님에게 제공되는 서비스는 물론 기내 목욕, 헤어컷, 안마 등의 파격적인 서비스를 제공했다. 이런 혁신적인 고객 서비스와 경영 방식을 통해 버진애틀랜틱 항공은 브리티시에어라인에 이어 영국 제2위 항공사로 급부상하였다.

이처럼 브랜슨이 보여준 사업 아이디어와 경영 방식은 매우 독특하고 남달랐다. 최근 브랜슨은 기자회견을 열어 1인용 심해 잠수정 '딥 플라이트 챌린저호'를 공개했다. 챌린저 딥Challenger Deep

은 지구에서 가장 깊은 바다 속 지점으로 서태평양 마리아나 해구의 해저 1만 911m에 있다. 브랜슨은 이 실험을 위해 1,700만 달러(약 180억 원)의 개발비를 투자한 것으로 알려져 있다. 그는 "인류에게 남은 최후의 위대한 도전은 깊은 대양 속을 탐험하는 것"이라며 2011년 말에 첫 항해를 시작할 계획이라고 밝혔다. '딥 플라이트 챌린저호'의 첫 번째 승선자가 리처드 브랜슨이 될 것이라는 점에는 의심의 여지가 없다. 지금까지 그의 삶과 기업 경영은 수많은 도전과 기행의 연속이었기 때문이다.

버진 콜라를 출시했을 때는 뉴욕 한복판에서 탱크를 타고 코카콜라 간판에 콜라를 쏘아댔다. 버진 모바일 광고판에는 자신의 누드를 선보였고, 웨딩숍 '버진 브라이드'를 광고할 때는 직접 자신이 웨딩드레스를 입었다.

1986년에는 버진 아틀랜틱 챌린저 보트를 타고 대서양을 최단 시간에 횡단하였다. 1991년에는 일본에서 캐나다까지 열기구를 타고 이동하다 불시착해 죽을 고비를 넘긴 적도 있었다. 걸프전 때는 바그다드로 인질 구조 비행을 감행했다. 2009년에는 민간 우주여객선 계획을 발표하며 '첫 승객은 나와 내 가족이 될 것'이라고 발표하였다.

리처드 브랜슨은 어린 시절, 난독증으로 인해 학교를 중퇴해야만 했다. 그 영향으로 50살이 되어서도 회사의 영업이익과 순이익을 구별하지 못하였다. 하지만 자신에게 주어진 장애와 역경에 굴복하지 않았다. 오히려 일반인들의 상식과 통념에 벗어나는 독특한 발상과 행동으로 사업을 성공리에 이끌어 왔다.

브랜슨이 이룬 성공에는 강인한 자신감, 일에 대한 열정, 재미를 추구하는 모험정신, 창의적인 발상 등이 큰 영향을 주었다. 그의 어머니는 브랜슨이 네 살 때 집에서 5km 밖에 떨어진 곳에 혼자 버려두고 집을 찾아오라고 시켰으며, 열두 살 때는 80km 떨어진 곳에서 자전거를 타고 찾아오도록 만들었다. 그의 할머니 도로시 헌틀리 플랜트는 89세가 되었을 때 라틴 아메리카 사교댄스 시험에서 영국 국민 중 최고령으로 합격했고, 90세에는 골프에서 홀인원을 친 최고령자가 되었으며, 죽음을 얼마 남겨놓지 않은 99세에는 전 세계를 일주하는 크루즈 여행에 나섰다고 한다. 브랜슨의 도전정신과 모험은 이런 가풍 속에서 자연스럽게 형성되었을 것이라 짐작한다. 브랜슨은 자신의 성공에 대해 다음과 같이 말하고 있다.

"진정한 성공이란 자신이 진정 자랑스러워 할 수 있는 것을 창조하는 것이며, 다른 사람의 인생에 특별한 변화를 만들었는지에 따라 판단된다."

"사람들이 나에게 어떻게 그렇게 큰돈을 벌 수 있었냐고 물으면 나는 '무슨 일을 하든 그 일을 즐기려고 노력했습니다'라고 대답한다."

"나는 쉴 때도 생각을 멈추지 않는다. 내 머리가 잠들지 않고 깨어있는 한, 새로운 아이디어를 찾아 생각하고 또 생각한다."

브랜슨의 말처럼 성공은 다른 사람들의 평가가 중요한 것이 아니라 자신이 자랑할 수 있는 것을 창조하는 것이다. 성공은 자신감, 열정, 모험만으로 이뤄지지 않는다. 잠들지 않고 깨어있는 한 새로운 아이디어를 찾기 위해 끊임없이 노력해야 한다. 남과 다르게, 어제와 다른 아이디어를 찾아내 시도하는 것이 성공의 마지막 비결인 것이다.

"나는 가슴이 이끄는 대로 살고, 새로운 것에 도전하며, 상상한 것을 실현한다. 내 꿈과 열정에 솔직한 것, 그것이 내 삶이고 경영이다."

모험으로 가득 찼던 그의 삶처럼 새로운 방법으로 새로운 일에 도전하라. 꿈이 이뤄질 것이다.

에이브러햄 링컨
Abraham Lincoln

희망의 길로
왕래하라

미국 작가 A. J 크로닌은 《천국의 열쇠》라는 책에서 '지옥이란 희망을 잃어버린 상태'라고 말했다. 우리의 삶이 지옥처럼 느껴지지 않으려면 항상 마음속에 희망을 간직해야 한다.

과학자들이 쥐를 대상으로 일련의 실험을 실시하였다. 첫 번째 실험에서는 큰 물통에 여러 마리의 쥐를 넣고 뚜껑을 닫은 뒤 완전히 빛을 차단하였다. 그 결과 통 속에 갇힌 쥐들은 평균 3분 만에 헤엄치기를 포기하고 죽어버렸다. 그 다음에는 쥐들을 통 속에 넣고 뚜껑을 닫되, 작은 빛이 통 안에 스며들도록 만들었다. 그 결과 두 번째 실험의 쥐들은 평균 36시간 이상을 헤엄치며 여전히 살아 있었다. 컴컴한 통 속에 갇힌 쥐는 살려는 노력을 금세 포기했지만, 한줄기 빛에서 희망을 품은 쥐들은 750배나 더 오랜 시간 동안 절망적인 상황을 이겨낸 것이다.

쥐뿐만이 아니라 사람도 마찬가지일 것이다. 희망이 있는 한 포기란 없고, 희망이 있는 한 삶은 천국이다. 자살의 유혹에 빠질 만큼 우울증이 심했지만 끝내 희망의 힘으로 이겨내고, 역사상 가장 위대한 인물이 된 사람의 이야기를 살펴보자.

에이브러햄 링컨Abraham Lincoln, 1809~1865은 미국 켄터키 주州에서 출생하였으며 1861년 3월부터 1865년 4월까지 제16대 대통령을 지냈다. 남북 전쟁에서 북군을 지도하여 노예 해방을 이루고 대통령에 재선되었으나, 이듬해인 1865년 4월, 남부 지지자였던 존 윌크스 부스가 암살했다. '국민에 의한, 국민을 위한, 국민의 정부'라는 표현이 등장하는 링컨의 게티즈버그 연설은 민주주의 이념을 압축적으로 요약한 명문으로 전해지고 있다.

그러나 그의 인생은 순탄하지 않았다. 학자들의 연구에 의하면 링컨의 인생에는 최소한 스물일곱 차례 이상의 역경이 나타난다. 링컨은 행운아라기보다는 불운아였다. 잇따른 사업 실패로 생긴 빚을 갚는 데만 17년이 걸렸고, 10여 차례 이상 선거에서 낙선했으며, 사랑하는 약혼자를 죽음으로 잃었다. 아내 메리와의 사이에서 네 명의 아들을 낳았는데, 이 중 세 명은 열여덟 살을 넘기지 못하고 요절하였다. 이렇게 절망적이고 불운한 삶을 살았음에도 불구하고 1860년, 링컨은 미국 대통령에 당선되었다. 뿐만 아니라 고귀한 도덕적 품성으로 인해 150년이 지난 현재까지도 수많은 사람들로부터 존경을 받고 있다.

과연 링컨은 어떻게 스물일곱 번이나 되는 실패와 불행을 이겨내고 자신의 꿈을 현실로 만들며 역사에 이름을 남길 수 있었던 것일까? 어느 날 한 신문 기자가 링컨을 찾아와 질문을 던졌다.

"당신이 거둔 놀라운 성공 비결은 무엇입니까?"

링컨은 진지한 표정으로 대답했다.

"내가 경험한 수많은 실패 덕분이지요. 나는 실패할 때마다 교훈을 얻었고 그것을 성공의 징검다리로 활용했습니다."

실제로 링컨이 남긴 명언 중에는 다음과 같은 것들이 전해진다.

"나는 천천히 걸어가는 사람입니다. 그러나 뒤로는 가지 않는다."

"나는 계속 배우면서 갖추어 간다. 언젠가는 나에게도 기회가 올 것이다."

"내가 걷는 길은 험하고 미끄러웠다. 그래서 나는 자꾸만 미끄러져 길바닥 위에 넘어지곤 했다. 그러나 나는 곧 기운을 차리고 내 자신에게 말했다. '괜찮아, 길이 약간 미끄럽긴 해도 낭떠러지는 아니야.'"

IBM 창업자 톰 왓슨은 '성공을 하려면 실패를 2배로 높여라'는 말을 남겼는데, 링컨 역시 자신의 성공 비결을 실패에서 찾고 있다. 그는 실패를 통해 교훈을 얻었고, 절망적인 순간에도 희망의 끈을 놓지 않았으며, 자신을 격려하며 더욱 강하고 뜨거운 희망을 가슴에 품었다. 링컨은 선거에서 떨어졌을 때도 이렇게 말했다.

"나는 선거에서 낙선했다는 소식을 듣자마자 곧바로 내가 자주 가는 레스토랑으로 달려갔습니다. 그리고는 배가 부를 만큼 맛있는 요리를 실컷 먹었지요. 그 다음은 이발소로 달려가서 머리를 단정하게 손질하고 기름도 듬뿍 발랐습니다. 이제 아무도 나를 실패한 사람으로 보지 않겠지요. 왜냐하면 이제 내 발걸음은 다시 힘이 생겼고, 내 목소리는 우렁차니까요."

하지만 링컨이 항상 밝은 면만 지니고 있었던 것은 아니었다. 《링컨의 우울증》을 보면 20대 초반에 우울증이 발병한 링컨은 자살충동으로 인해 호주머니에 칼이나 총을 넣고 다닐 수 없을 정도였으며, 나무에 목을 매달아 죽고 싶은 충동 때문에 숲속으로 혼자 산책 나가는 것도 두려워했다고 나와 있다.

링컨의 우울증은 유전적 요인, 가족과 사랑하는 연인의 죽음, 아버지의 재혼, 잇따른 사업 실패와 낙선 등에서 비롯되었는데 증세가 심각하여 몇 번씩이나 자살을 시도했다. 정도가 더욱 심할 때는 친구들이 링컨을 어떤 금속도 없는(흉기가 될 만한 것이 없는) 방에 가두어 놓아야만 했었다.

한때 절망의 바닥을 쳤던 링컨은 극복한 뒤 더욱 강한 희망과 용기를 갖게 되었다. 노벨 평화상을 수상한 독일 수상 빌리 그란트는 '상황은 비관적으로 생각할 때에만 비관적이 된다'고 말했다. 우리 스스로 희망이 없다고 생각할 때만 희망이 없다는 의미다. 실제로 우리 주변을 둘러보면 작은 실패를 겪는 것만으로도 모든 희망을 송두리째 잃어버리는 사람이 있는가 하면, 상상을 초월하는 실패와 불운을 겪은 후에도 희망의 끈을 놓지 않고 살아가는 사람이 있다. 링컨이 스물일곱 번이나 되는 불행과 역경 속에서도 다시 일어설 수 있었던 것은 끊임없이 희망의 길로 왕래했기 때문이다.

인생은 장밋빛 무지개가 아니며 처음부터 끝까지 100% 성공만 거두는 사람은 없다. 오히려 대부분의 사람들은 실패와 좌절을 겪은 후에야 성공에 도달하게 된다. 따라서 성공을 원한다면 희망의 길로 왕래해야 한다. 마음속에 희망의 씨앗을 뿌리고 매일 그 씨앗에 물을 주어라. 머지않아 찬란한 성공을 거두게 될 것이다. 희망은 감정이 아니라 신념이며, 삶에 대한 확고한 가치관이라는 사실만 기억하면 된다.

윈스턴 처칠
Winston Churchill

절대로 포기하지 마라

1941년, 영국 런던에 있는 사립중등학교 해로스쿨 Harrow School 을 방문한 처칠은 이렇게 말한다.

"절대로 포기하지 마라. 절대로, 절대로 아무리 큰일이거나 아무리 작은 일이라도. 아무리 중요하거나 아무리 하찮은 일이라도. 명예와 현명한 판단에 위배되지 않는 한 아니면 절대로 포기하지 마라. 상대의 힘에 눌려 포기하지 마라. 상대가 아무리 압도적으로 우세한 힘을 가졌더라도 절대로 포기하지 마라."

1948년, 옥스퍼드 대학 졸업식에 참석한 처칠은 다시 말한다.

"저의 성공 비결은 단 세 가지입니다. 첫째 절대 포기하지 마라. 둘째 절대 절대 포기하지 마라. 셋째 절대 절대 절대로 포기하지 마라!"

윈스턴 처칠Winston Churchill, 1874~1965은 영국 국민영웅이다. 2002년, 영국 공영방송 BBC는 100만 명이 넘는 사람들을 대상으로 '역사상 가장 위대한 영국인은 누구인가?'라는 설문조사를 실시하였다. 그 결과 셰익스피어, 뉴턴, 엘리자베스 1세 등 쟁쟁한 인물들을 물리치고 처칠이 1위로 선정되었다. 제2차 세계대전을 연합국의 승리로 이끈 전쟁영웅이니만큼 당연한 결과일지도 모른다.

그러나 처칠의 위대한 점은 단순히 그가 이룬 뛰어난 업적에만 있는 것이 아니다. 처칠이 사람들로부터 존경을 받는 이유는 인생의 고비마다 보여준 불굴의 용기, 끝없는 도전, 전쟁의 와중에도 웃음과 유머를 잃지 않은 위대한 정신의 소유자였기 때문이었다. 또한 그는 매우 다양한 면모를 지닌 특이한 인물이었다. 승리의 V자, 시가 파이프, 작가, 노벨 문학상 수상, 화가, 불독 등이 처칠을 설명하는 각기 다른 표현들이다.

처칠은 1874년 11월 30일, 영국 옥스퍼드셔에서 태어났다. 그의 아버지 랜돌프 처칠Randolph Churchil은 재무장관을 역임한 유명 정치인이었으나 일찍 사망하였고, 어머니 제니 제롬은 미국 여성이었다. 해로우 학교, 샌드허스트 육군사관학교를 졸업한 처칠은

1899년, 남아프리카 보어전쟁에서 포로로 붙잡혔다 탈출해 전쟁 영웅이 된다. 이러한 인기를 바탕으로 처칠은 하원의원에 당선되며 정계에 진출한다.

그 후 처칠은 내수장관, 해군장관, 재무장관, 군수장관, 육군장관 겸 공군장관, 식민장관을 거쳐 1940년, 영국 총리에 취임하였다. 그는 제2차 세계대전에 미국의 참전을 이끌어 내며 연합국에게 승리를 안겨줬다. 1945년 총선에서 패배하여 물러났다가 1951년 다시 총리에 취임하고 같은 해, 영국 왕실로부터 경卿의 칭호를 받는다. 1964년, 처칠은 의원직에서 완전히 물러났다. 그로부터 1년 뒤인 1965년 1월 24일, 위대한 영웅 처칠은 90세의 나이로 운명한다. 그의 장례식은 왕족을 제외한 평민 중에서는 최초로 국장으로 거행되었다.

처칠은 에세이, 평론, 소설 등 활발한 저술 활동을 벌였는데 그가 쓴 《제2차 세계대전 회고록》은 1953년 노벨 문학상을 수상했다. 그림 솜씨 또한 아마추어 수준을 넘어 미국을 비롯한 세계 여러 나라에서 전시회를 열기도 하였다. 또한 그는 사람의 마음을 사로잡은 웅변가로서도 유명하며 많은 명언을 남겼다.

"돈을 잃는 것은 적게 잃는 것이다. 그러나 명예를 잃는 것은 크게 잃는 것이다. 용기를 잃는 것은 전부를 잃는 것이다."

"만약 우리가 현재와 과거를 서로 경쟁시킨다면 반드시 미래를 놓치게 될 것이다."

"'최선을 다하고 있다'고 말해봤자 소용없다. 필요한 일을 함에 있어서는 반드시 성공해야 한다."

지금까지 자료로 판단해 보면 처칠의 인생은 매우 화려하면서도 행운과 성공으로 가득한 것처럼 느껴질 수 있다. 그러나 사실은 그렇지 않았다.

처칠은 보통 사람보다 2개월 먼저 태어난 팔삭둥이였다. 그 영향으로 지능 발달이 느려 학교시험에서 처칠을 자주 낙제했다. 학생 시절의 생활기록부를 보면 처칠은 '품행이 바르지 못하며, 매사에 의욕이 없고, 다른 학생들과 자주 다투며, 상습적으로 지각하고, 물건을 제대로 챙기지 못한다'고 적혀 있다. 결국 처칠은 3년 동안이나 유급을 한 후에야 간신히 학교를 마치게 된다. 역사상 가장 위대한 인물의 어린 시절치고는 매우 초라한 일이 아닐 수 없다.

비단 그 뿐만이 아니다. 해로 스쿨을 졸업한 처칠은 샌드허스트 사관학교를 지원했지만 성적이 좋지 않아 두 번을 낙방하고 세 번째에야 간신히 합격했다. 어렸을 때부터 말을 더듬는 버릇은 평생 그를 괴롭혔다. 당시로서는 병명이 밝혀지지 않은 난독증이었다.

그밖에도 그에게 많은 불운과 실패가 찾아왔다.

1915년, 제1차 세계대전에서 그가 입안한 다르다넬스 군사 작전이 실패하여 많은 영국군이 죽거나 부상당하는 일이 발생했다. 처칠은 해군장관직에서 물러나야 했다. 1922년에는 맹장 수술을 했고, 1929년에는 주식 투자로 큰 손실을 입었다. 1931년에는 뉴욕에서 교통사고를 당하기도 했다. 1899년, 1922년, 1945년 선거를 비롯해 여러 차례 낙선과 패배를 경험하였다. 당시의 하원의원은 무보수직이었기 때문에 처칠은 경제적인 어려움에서도 벗어나지 못했다. 만년에는 심한 우울증에 시달리곤 하였다.

그러나 처칠은 낙심하거나 포기하지 않았다. '절대 포기하지 마라'는 자신의 말과 같이 그는 묵묵히 자신의 길을 걸어갔다. 오히려 더 많은 노력을 기울이며 최선을 다했다.

말을 더듬는 버릇을 고치기 위해 같은 문장을 수백 번씩 외우며 훈련했다. 장교로 임관한 후에는 부족한 실력을 보충하기 위해 시간이 날 때마다 독서에 몰두했다. 연설이 서툰 점을 보완하기 위해서 완벽하게 원고를 외운 후에야 대중 앞에 나섰고, 사람들의 비난과 반대를 잠재우기 위해 효과적으로 유머를 활용하는 법을 훈련했다. 총리로 취임할 당시 그는 '내가 바칠 것은 피와 땀과 눈물밖에 없다'고 말했다. 그리곤 실제로 70이 넘는 나이에도 하루 16시간씩을 일하며 전쟁을 지휘했고, 결국 영국 국민에게 승리의 기쁨을 안겨주었다.

　성공하고 싶다면 처칠의 말처럼 절대 포기하지 마라. 아무리 큰일이거나 아무리 작은 일이라도, 아무리 중요하거나 아무리 하찮은 일이라도, 절대로 절대로 절대로 포기하지 마라.

3장

자신의 환경과 한계를 극복하고 승리하다

넬슨 만델라
Nelson Mandela

나는 노력하는 노인일 뿐이다

1990년 2월 11일, 전 세계 언론과 방송의 시선은 남아프리카공화국에 위치한 로벤섬에 몰려있었다. 수많은 군중과 기자들이 지켜보는 가운데 오후 4시를 알리는 종소리가 울렸고, 마침내 육중한 감옥 문이 열리기 시작했다. 잠시 후 70대 초반의 한 노인이 문 밖으로 걸어 나오더니 모여 있는 사람들을 향해 이렇게 말했다.

"나는 여러분 모두에게 평화와 민주주의, 자유의 이름으로 인사합니다."

그것은 27년 6개월이라는 기나긴 수감생활을 마치고 이제 막 자유의 몸으로 풀려난 넬슨 만델라가 세상을 향해 건넨 첫 마디였다. 사람들은 뜨거운 박수와 환호, 감격의 눈물로 그를 환영했다. 방송을 지켜보던 세계인은 위대한 인권운동가 넬슨 만델라의 삶에 감동하며 축하를 보냈다. 만델라는 다시 말했다.

"삶이 영광스러운 이유는 넘어지지 않는 데 있는 것이 아니라, 넘어져도 다시 일어나는 데 있습니다."

넬슨 만델라Nelson Rolihlahla Mandela는 1918년 7월 18일, 남아프리카공화국 트란스케이 움타타에서 출생하였다. 넬슨은 영국식 이름이며 어릴 적에는 아버지가 지어준 '롤리흘라흘라'라는 아프리카 이름으로 불렸다. 템부족族 족장의 아들로 태어난 그는 남아프리카 흑인들의 비참한 현실에 눈을 뜨고 자연스럽게 흑인 인권운동에 발을 들여놓게 된다.

1940년, 포트헤어 대학에 재학 중 시위를 주동하다 퇴학을 당한 뒤, 아프리카민족회의ANC 청년연맹을 창설한다. 1952년, 만델라는 요하네스버그에 법률상담소를 열고 인종격리정책인 아파르트헤이트Apartheid에 반대하는 운동을 전개하였다. 이로 인해 1952년과 1956년 두 차례에 걸쳐 체포되었다. 1960년 3월, 시위를 벌이던 흑인 69명이 무차별 사살되는 샤프빌 흑인 학살사건이 발생한다. 이에 분노한 만델라는 비폭력 노선을 버리고 지하 무장조직 '움콘토 웨 시즈웨(민족의 창)'를 결성해 무장투쟁에 앞장

선다. 1962년 만델라는 정부군에게 반역죄로 체포되었고, 형식적인 재판 절차를 거쳐 종신형을 선고받았다. 이때 그의 나이는 마흔 네 살이었다. 아마도 보통 사람 같으면 평생을 감옥에 갇혀 살아야 한다는 절망적인 현실로 인해 좌절감에 사로잡혀 지냈을 것이다.

그러나 만델라는 달랐다. 그는 감옥 안에서 채소밭을 만들어 야채를 길렀고, 묘목을 구해 나무를 심기까지 했다. 매일 2시간 이상을 권투 연습, 제자리 달리기, 팔굽혀 펴기, 윗몸 일으키기 등을 하며 체력을 관리해 나갔다. 걸음을 걸을 때는 어깨를 펴고 머리를 똑바로 치켜든 채 힘차게 걸었다. 그리고 신념이 흔들릴 때마다 자신에게 다짐했다.

'운명에 굴복하는 것은 패배와 죽음에 이르는 길이다. 반드시 살아서 걸어 나가리라.'

만델라는 27년 6개월 동안 끝없이 찾아오는 절망과의 싸움을 계속해 나갔다. 그러는 사이 세상은 남아프리카의 감옥에 갇혀있는 한 죄수의 투쟁에 관심과 지지를 보내기 시작했다. 1979년 자와할랄네루상, 1981년 브루노 크라이스키 인권상, 1983년 유네스코의 시몬 볼리바 국제상 등을 수상하며 어느덧 넬슨 만델라는 세계인권운동의 상징적인 존재가 되었다.

1991년 7월, 아프리카민족회의 의장으로 선출된 만델라는 드 클레르크 남아공정부와 협상을 벌여 350여 년에 걸친 인종분규를 종식시켰다. 이러한 공로로 1993년 노벨평화상을 공동수상했으며, 1994년 5월 남아프리카공화국 최초의 흑인 대통령으로 선출되었다. 집권 직후 만델라는 보복과 유혈극에 대한 세간의 우려와 달리 '진실과 화해 위원회'를 구성하여 과거에 벌어졌던 인권침해 범죄에 대한 진실을 밝힌 후 사면조치를 취했다. 만델라의 재임 기간 중 아파르트헤이트Apartheid가 철폐되었고 흑인들의 인권이 신장되며 남아공의 민주주의는 획기적으로 발전되었다.

1996년 평화롭게 정권을 이양하고 퇴임한 만델라는 '넬슨 만델라' 재단을 설립하였다. 그리고 에이즈에 대한 올바른 인식 및 예방 활동을 위한 '46664' 캠페인 활동을 전개하였다. 46664는 1964년에 466번째로 수감되었던 만델라의 죄수번호로 인권과 평화운동을 상징한다. 2008년 6월 28일, 런던에서 열린 '46664 자선콘서트'에는 존 메이저 영국 총리, 빌 클린턴 전 미국 대통령을 비롯해 46,664명의 사람들이 참석해 자유와 정의를 위해 한평생을 살아온 만델라의 삶에 경의를 표시했다. 이 날 행사에서 소개를 맡은 영화배우 윌 스미스는 "세상이 단 한사람의 아버지만 가질 수 있다면 우리가 선택할 아버지는 넬슨 만델라일 것입니다"라고 말했다.

2009년 남아공정부는 만델라의 생일을 '만델라 데이'로 지정했고, 같은 해 11월 유엔에서도 매년 7월 18일을 '국제 넬슨 만델라 데이Nelson Mandela International Day'로 지정했다. 이 날은 만델라의 업적을 기리며 하루 중 67분 동안은 남을 위해 봉사하자는 의미로 만들어졌다. 봉사 시간으로 정한 67분은 만델라가 27년의 수감생활을 포함하여 인권운동에 헌신한 67년에 이르는 기간을 상징한다.

2011년 7월 18일, 만델라는 매우 특별한 노래를 선물 받았다. 남아공 전역에 퍼져있는 1,200만 명의 초등학생들이 만델라의 93번째 생일을 축하하기 위해 특별히 만든 노래를 함께 열창한 것이다. 세계 역사상 이렇게 많은 사람들로부터 생일 축하를 받은 사람은 아무도 없을 것이다.

만델라는 전 세계인으로부터 존경받는 위대한 인물이다. 27년 7개월이라는 세월을 날짜로 계산해 보면 무려 1만 40일 정도가 된다. 시간으로 따지면 24만 960시간에 달한다. 이렇게 엄청난 기간을 감옥에 갇혀 지내면서도 희망과 용기를 잃지 않았다는 것은 정말 대단한 일이 아닐 수 없다. 과연 무엇이 그를 절망으로부터 지켜준 것일까? 만델라는 다음과 같이 말하고 있다.

"용감한 사람은 무서움을 느끼지 않는 사람이 아니라, 두려움을 정복하는 사람이다."

"무엇을 가지고 태어났느냐가 아니라 자기가 가진 것으로 무엇을 만들어냈느냐가 사람들 간에 차이를 만든다."

"나는 대단한 인간이 아니다. 노력하는 노인일 뿐이다."

"자신들이 하는 일에 헌신하고 열정적으로 한다면 누구나 자신이 처한 환경을 뛰어넘을 수 있으며 성공을 이룰 수 있다."

미국 32대 대통령 프랭클린 루즈벨트 Franklin Roosevelt 또한 "사람은 운명의 포로가 아니라 자기 마음의 포로일 뿐이다. 내일 우리가 실현하고자 하는 것을 막는 것은 오늘 우리가 자신에게 물은 의심일 뿐이다"고 말했다. 그렇게 마음의 포로가 되기를 거부하고 끝까지 희망을 간직한 사람이 바로 만델라인 것이다.

그는 종신형이라는 운명의 포로가 되기를 거부했다. 비록 거대한 운명에 두려움을 느끼긴 했지만 그 두려움을 정복하겠다는 용기를 갖고 비참한 감옥생활을 극복해 나갔다. 백인과 흑인이 평등한 존재가 되어 함께 어울려 사는 세상을 반드시 만들겠다는 꿈을 위해 평생을 헌신하며 살았다. 그는 자신을 그저 노력하는 노인에 불과하다고 말했지만 그 노력이 얼마나 험난하고 치열한 과정이었는지를 우리는 잘 알고 있다. 그리고 그러한 노력이 만들어 낸 고귀하고 빛나는 성취를 우리는 남아프리카 공화국에서 목격하였다.

미국 버락 오바마 대통령의 말처럼 만델라는 "지구촌을 위한 횃불인 동시에 민주주의와 정의, 화해를 위해 일하는 모든 사람들을 위한 횃불"이 되었다. 그리고 불빛은 영원히 꺼지지 않을 것이다. 27년 6개월 동안 계속되던 암담한 운명 앞에서도 끝까지 희망을 잃지 않았던 넬슨 만델라를 기억하라. 그리고 인내와 용기, 열정과 헌신으로 당신의 운명과 당당하게 맞서 승리하라. 용기란 두려움을 모르는 것이 아니라 두려움을 이겨내는 것이다.

조앤 롤링
Joanne Rowling

마법은
필요하지 않다

　세계에서 가장 많이 팔린 책은? 성경책이다. 그렇다면 두 번째로 많이 팔린 책은? 바로 《해리 포터》다. 지금까지 전 세계 200여 국가에서 출판되었고, 총 4억 5000만 부가 판매되었다. 영화를 제작한 미국 워너브러더스사는 입장권 판매로만 74억 달러의 수입을 올렸다. 2007년, 영국 런던의 크리스티 경매장에서는 《해리 포터》시리즈의 1편 '해리포터와 현자의 돌Harry Potter and the Philosopher's Stone'의 초판본이 약 4만 326달러(약 3,800만 원)에 낙찰되었다.

　조앤 롤링이 《해리포터와 죽음의 성물》을 쓰기 위해 머물렀던 영국 에든버러 발모럴 호텔 552호에는 팬들이 몰려들고 있다. 여기서 하룻밤을 묵으려면 1,000파운드(한화 약 200만 원)를 지불해야 한다. 2009년, 미국 올랜드에는《해리포터》테마파크가 세워졌으며, 캘리포니아 주립대학에는 '해리 포터의 세계'란 명칭으로 해리 포터에 대해 연구하는 공인 과정이 개설되었다.《해리포터》의 브랜드 가치는 150억 달러, 경제적 파급 효과는 308억 달러에 이르는 것으로 추정된다. 가히 상상을 초월하는 기록이다.

《해리포터》의 저자 조앤 롤링 또한 여러 가지 기록을 작성했다. 2004년, 미국 경제전문지 포브스가 선정한 '세계 최고 부자' 리스트에 이름을 올렸다. 현재 재산은 엘리자베스 2세 여왕보다 많은 10억 달러(약 1조 원 이상)로 전해진다. 2010년, 〈포브스〉가 발표한 '세계의 억만장자 1,011명' 중 재산을 물려받지 않고 혼자만의 힘으로 억만장자가 된 여자는 14명에 불과했다. 롤링의 이름은 그중의 한 명에 포함되었다.

그녀는 대영제국 훈장 수여(2000), 올해의 작가상 수상(2000), 에든버러 공로상 수상(2008), 프랑스 레지옹 도뇌르 슈발리에 훈장 수여(2009), 한스 안데르센 문학상 수상(2010), 올해의 엔터테이너 선정(2007), 하버드 대학교 명예 문학박사 학위 수여(2008), 세계 30대 슈퍼우먼 중 5위로 선정(2010)되는 각종 영광을 차지하였다.

2010년 10월, 영국 내셔널 매거진 컴퍼니는 '영국 최고의 파워우먼 100명'을 선정했는데 롤링의 이름은 1위로 올랐다. 한때 그녀의 저작권 수입은 연간 1,000억 원을 넘기도 하였다. 우리처럼

'머글(편집자 주-《해리포터》시리즈에서 나온 신조어. 마법사가 아닌 마법을 못 쓰는 사람들)'로서는 상상하기조차 힘든 금액이다. 40세가 되기도 전에 억만장자의 반열에 오른 롤링은 과연 어떤 인물인가?

조앤 롤링Joanne Kathleen Rowling은 1965년 7월 31일, 영국 웨일스의 작은 시골 마을 치핑 소드베리에서 태어났다. 아버지 피터 제임스 롤링Peter James Rowling은 비행기 공장 지배인이며 어머니 앤 롤링Anne Rowling은 실험실 연구원이었던 것으로 알려져 있다. 어렸을 때부터 책읽기를 좋아했던 그녀는 6살 무렵에 홍역에 걸린 토끼에 대한 동화를 쓴 매우 상상력이 풍부한 소녀였다. 그러나 학창 시절 이후의 삶은 순탄하지 않았다.

액세터 대학 불문과를 졸업하고 몇 년간 국제사면위원회와 맨체스터 상공회의소에서 일했다. 1990년, 다발성경화증에 걸려 10년 동안 투병생활을 하던 어머니가 사망한다. 새로운 변화를 찾던 롤링은 포르투갈로 건너가 영어 학교 교사로 일하기 시작한다. 1992년 10월, 롤링은 그곳에서 만난 방송국 기자 조르즈 아란테스Jorge Arantes와 결혼한다. 그러나 두 사람의 혼인은 그리 오래가지 못했다. 남편은 부부싸움을 할 때마다 폭력을 일삼았고 참다못한 롤링은 생후 4개월 된 딸과 함께 집을 나온다. 에든버러로 돌아온 롤링은 마땅한 일자리를 찾지 못해 1주일에 69파운드(약 13,000원)밖에 안 되는 정부 생활보조금으로 연명해 나갔다.

훗날 한 대학 잡지와의 인터뷰에서 그녀는 이 당시의 삶을 이렇게 고백하고 있다.

"3년여 동안의 결혼생활이 파경을 맞자 나는 심한 우울증에 빠졌다. 어디서도 탈출구를 찾을 수 없었다. 계속되는 자살 충동 때문에 병원을 찾아가 의사로부터 인지행동치료를 받아야 했다. 20대 중반, 나는 가난에 쪼들렸고 그야말로 바닥까지 내려갔다."

절망적인 상황에서도 롤링은 소설을 쓰기로 결심한다. 오래전 맨체스터에서 런던까지 기차를 타고 여행할 때 구상했던 줄거리가 머릿속에 떠올랐다. 그녀는 난방이 되지 않는 단칸방과 마을 카페를 오가며 《해리포터》를 완성시킨다. 막상 소설은 완성되었지만 원고를 복사할 돈조차 없었다. 롤링은 8만 단어에 이르는 방대한 원고를 타자기로 2부 타이핑해 출판 에이전트에게 보낸다. 1996년, 1년 동안 열두 군데 출판사에서 퇴짜를 맞은 끝에 마침내 롤링은 블룸스베리라는 출판사와 계약을 맺는다. 계약금으로 그녀가 받은 돈은 1,500파운드(당시 약 200만원)였으며 1997년 출간된 초판은 500부밖에 인쇄되지 않았다. 세계에서 두 번째로 가장 많이 팔린 베스트셀러로서는 매우 볼품없는 출발이었던 셈이다.

《해리포터》의 마법이 시작된 것은 그로부터 얼마 후의 일이었다. 1997년 블로냐 아동도서전에서 '해리포터' 원고를 발견한 미국 스콜라스틱 출판사는 10만 5,000달러라는 파격적인 금액을 제시하며 판권을 사들였다. 《해리포터》는 미국 출간과 함께 독자들의 뜨거운 인기를 얻으며 베스트셀러의 자리에 올랐다. 같은 해 세계 최우수아동도서로 선정되었고 '네슬레 스마티 니어스 상', '브리티시 북 어워즈' 등 많은 문학상을 수상하였다. 만약 스콜라스틱 출판사 편집이사로 일하던 아서 레빈이 《해리포터》의 가치를 알아보지 못했다면, 조앤 롤링의 운명은 매우 달라졌을지 모르는 일이다.

　2011년 1월, 단편영화 '격정 소나타'의 감독이자 시나리오 작가인 최고은이 32세의 젊은 나이로 자신의 월세 방에서 숨진 채 발견되었다. 경찰 조사에 의하면 갑상선기능항진증과 췌장염을 앓고 있었는데 수일째 굶은 상태에서 제대로 치료를 받지 못한 것이 사망 원인이었다. 최고은이 이웃집 문에 붙여놓은 메모에는 "며칠째 아무것도 못 먹었다. 남는 밥이랑 김치가 있으면 저희 집 문 좀 두들겨 달라"고 적혀있었다.

　똑같은 32살의 나이에 한 명의 작가는 굶주림으로 사망하고, 또 한 명의 작가는 세계적인 베스트셀러를 출간하며 1조 원의 재산을 벌어들이기 시작한 것이다. 물론 롤링은 어머니의 죽음, 남편의 폭력, 이혼, 가난 등의 불행과 역경을 겪었다. 베스트셀러 작가로 인정받기 전까지 여러 차례 출판 거절이라는 수모를 견뎌야 했다. 결국 롤링의 성공은 끝까지 포기하지 않고 희망을 간직했기에 가능했던 것이다.

2008년, 미국 하버드대에서 명예 박사학위를 받으며 축하 연설에 나선 그녀는 이렇게 말했다.

"나는 대학을 졸업하고 7년 동안 엄청난 실패를 겪었다. 짧았던 결혼 생활은 파국으로 끝났다. 딸이 하나 딸린 이혼모에 실업자 신세였기 때문에 가난까지 닥쳐왔다. 누가봐도 난 실패한 사람이었다. 그 시기에 나는 정말 힘들었고, 그 긴 터널이 언제 끝날지도 알 수 없었다. 하지만 나는 살아 있었고, 사랑하는 딸이 있고, 낡은 타이프와 이터와 엄청난 아이디어가 있었다. 세상을 바꾸는 데 마법은 필요하지 않다. 우리 내면에 이미 그 힘은 존재하고 있다. 우리에겐 더 나은 세상을 상상할 수 있는 힘이 있다."

20대 중반의 롤링은 아무런 불빛도 보이지 않는 컴컴한 터널 속을 걸어가고 있었다. 하지만 그녀는 희망을 잃지 않았다. 롤링은 자신의 내면에서 더 나은 미래를 상상하며 희망을 키워나갔다. 그리곤 마침내 터널을 빠져나와 성공의 정상에 올랐다. 롤링의 말처럼 세상을 바꾸는 데 마법은 필요치 않다. 미래를 바꾸는 힘은 이미 우리 내면에 존재하는 것이다. 희망을 외쳐라. 성공의 문이 활짝 열릴 것이다. 알로호모라 Alohomora!

콘래드 힐튼
Conrad N. Hilton

성공은 행동과 연결되어 있다

"사람들이 돈을 벌기 위해 일하는 줄 몰랐다!"

할리우드 파티걸로 유명한 패리스 힐튼Paris Hilton이 케이블 TV에 나와 한 말이다. 그녀는 언론과의 인터뷰에서 "월마트Walmart라는 곳을 난생 처음 가 봤어요. 나는 지금까지 이곳이 벽지Wallpaper 파는 곳인 줄 알았죠"라고 말하기도 하였다. 힐튼 호텔의 상속녀로서 물려받을 유산의 규모가 12억 달러(1조 1280억 원)가 넘는다지만 일반인들 입장에서 볼 때는 그야말로 어처구니없고 황당한 발언이 아닐 수 없다. 화려한 고가의 옷차림과 자유분방한 생활방식으로 끊임없이 화제를 만들어 내는 그녀는 미국의 패션모델, 디자이너, 영화 배우, 가수다.

그녀의 돌출행동과 발언은 상상을 초월한다. 지금까지 섹스 비디오 촬영, 마약 복용 및 소지, 음주 운전, 도박 등의 혐의로 여러 차례 경찰에 체포되거나 사회적 물의를 일으켰다. 2007년, 패리스 힐튼의 철없는 행동을 보다 못한 할아버지 윌리엄 힐튼은 호텔과 카지노 회사를 매각한 대금 12억 달러를 그녀에게 물려주는 대신 자선단체인 '콘래드 힐튼 재단'에 기부하겠다고 발표했다. 뿐만 아니라 개인 재산 11억 달러(1조 340억 원)도 재단에 기부하기로 약속했다.

사람들이 돈을 벌기 위해 일한다는 사실을 몰랐다는 패리스 힐튼에게 뼈아픈 교훈이 되었으리라 생각해 본다. 그런데 이렇게 많은 유산을 힐튼 가문에게 남겨 준 사람은 누구일까? 바로 패리스 힐튼의 증조부이자 힐튼 호텔의 설립자이며 호텔왕으로 불리는 콘래드 힐튼이다. 그의 성공 비결을 알아보자.

콘래드 힐튼Conrad N. Hilton, 1887~1979은 1887년 뉴멕시코 주 샌 안토니오에서 8남매 중 장남으로 태어났다. 그의 부모는 노르웨이에서 이주해 온 이민자로 알려져 있다. 그가 18세가 되었을 때, 아버지 어거스트 힐튼은 살고 있던 집을 개조해 하루 2달러 50센트를 받고 방을 대여해 주는 사업을 시작한다. 힐튼은 아버지를 도와 손님을 맞이하고 청소를 하는 등 호텔업에 대한 경험을 쌓을 수 있었다.

뉴멕시코 군사학교를 거쳐 세인트 마이클 대학을 졸업한 힐튼은 1차 세계대전이 발발하자 소위로 임관해 군에 입대한다. 1919년, 파리에서 복무 중인 힐튼에게 아버지가 교통사고로 사망했다는 전보가 날라든다. 힐튼은 제대를 하여 집으로 돌아온다. 얼마 후 그는 유산으로 물려받은 돈과 자신이 모은 돈을 합쳐 은행을 인수하기 위해 미국 텍사스 주로 향했다. 몇 차례에 걸친 협상이 물거품으로 돌아가자 힐튼은 고민에 빠지게 된다. 길거리를 배회하던 어느 날, 그는 석유 때문에 수많은 사람들이 텍사스로 몰려드는 것을 보고 호텔업의 가능성을 발견한다. 유전 개발로 일확천금을 노리던 사람들로 인해 모든 호텔은 연일 만원이었고 객실을 구하는 일은 하늘에 별 따기보다 어렵던 시절이었다.

1919년, 힐튼은 가지고 있던 돈과 가족, 친구들로부터 빌린 돈을 합쳐 모블리Mobley라는 노인이 운영하던 4만 달러짜리 작은 호텔을 매입한다. 그는 탁월한 경영방식으로 호텔을 운영해 나갔다. 이 당시의 호텔은 숙박 시간과 요금이 모두 제각각이었는데 힐튼은 숙박 시간을 8시간으로 한정하였다. 그 결과 객실 하나를 하루에 세 번 사용할 수 있게 되었다. 그래도 침대 수가 모자라자 사무실과 식당을 개조하여 객실로 사용하였다. 호텔의 여유 공간에는 의류, 보석, 액세서리, 특산물 판매점을 개설하여 임대료 수입을 올렸다.

동시에 철저한 종업원 교육을 통해 고객 서비스를 개선하고 깨끗한 시트와 베갯잇 등 쾌적하고 청결한 방을 제공했다. 이런 사항들은 지금의 기준으로 보면 아주 기본적인 일일 것이다. 그러나 당시에는 호텔이란 으레 불결하고 불친절하다는 이미지가 만연되어 있었기 때문에 힐튼의 시도는 매우 놀랍고 획기적인 발상의 전환이었다.

이러한 노력과 변화로 인해 힐튼 호텔의 이름은 사람들 사이에 널리 퍼지기 시작했고 하루가 다르게 투숙객이 늘어갔다. 힐튼은 텍사스의 오래된 호텔들을 차례로 매수하고 1924년에는 최초로 자신의 이름을 붙인 '댈러스힐튼'을 댈러스에 세웠다. 1929년, 힐튼 호텔은 7개의 체인을 가진 텍사스 주 최초의 체인 호텔로 성장했다.

인생지사 새옹지마요, 좋은 일이 많으면 나쁜 일도 찾아오기 마련이듯이 확장 일로를 달리던 힐튼에게도 고난의 시절이 찾아온다. 1929년 세계적인 대공황이 시작되면서 미국의 호텔업계 역시 파산의 공포가 휘몰아친다. 미국 전체 호텔의 87%가 문을 닫는 악몽이 시작된 것이다. 힐튼 호텔 역시 심각한 경영위기에 처하게 된다. 당시 힐튼이 갚아야 할 부채 규모는 총 100만 달러를 상회하였다. 주변의 사람들은 대부분 파산을 권고했고 담당변호사는 힐튼에게 이렇게 말했다.

"빚이 100만 달러를 넘었습니다. 아마 1,000년이 걸려도 다 갚지 못할 겁니다. 그만 포기하고 파산을 선언하는 것이 현명한 선택입니다."

그러나 힐튼은 끝까지 포기하지 않았다. 그는 은행과 사람들을 찾아다니며 자신을 믿어줄 것을 설득했다. 대부분 그의 요청을 거부했지만 윌리엄 무디 2세^{William L. Moody, Jr.}를 비롯한 여러 투자자들의 도움을 이끌어 내며 마침내 힐튼은 재기에 성공하였다.

1930년대 후반이 되자 암울했던 대공황의 끝이 보이기 시작했다. 힐튼은 다른 사람들이 호텔업에서 손을 떼는 것과 정반대로 더욱 공격적으로 호텔들을 매입해 나갔다. 1938년, 샌프란시스코의 서프랜시스 드레이크 호텔^{Sir Francis Drake Hotel} 인수를 시작으로 루스벨트 호텔과 플라자 호텔을 매입했다. 1940년대에는 멕시코를 비롯하여 해외로 사업 영역을 확장하였다. 현재 힐튼 호텔은 전 세계 50여 국가에서 500여 개 호텔을 체인으로 운영하고 있다. 1979년 1월 5일, 힐튼은 캘리포니아 산타모니카에서 향년 91세의 나이에 폐렴으로 사망하였다.

힐튼은 명실상부한 세계 최고의 호텔왕이다. 그는 호텔업계 최초로 호텔 주식을 상장하기도 하였다. 힐튼은 숙박시간 변경, 친절한 고객 서비스, 청결한 객실, 효율적 공간 활용, 호텔의 체인점화, 주식 상장을 통한 자금 조달 등의 새로운 아이디어로 호텔업에서 성공하였다. 힐튼은 이렇게 말했다.

"성공은 행동과 연결되어 있다. 성공하는 사람은 끊임없이 움직인다. 때론 실수를 저지르기도 하지만 결코 포기하지 않는다."

나는 그의 말을 조금 다르게 표현하고 싶다. 성공은 남과 다르게, 어제와 다르게 행공해야 한다.

"성공은 남다른 행동과 연결되어 있다. 성공하는 사람은 남과, 그리고 어제와 달라지기 위해 끊임없이 움직인다. 실수를 저지르기도 하지만 결코 변화를 두려워하지 않고 포기하지 않는다."

허브 켈러허
Herb Kelleher

1만 6,000명이 감사한 CEO

1994년 10월 16일, 미국 일간지 〈USA투데이〉에 다음과 같은 내용의 전면광고가 실렸다.

허브, 감사합니다.
모든 직원들의 이름을 일일이 기억해 준 것을
추수감사절 날 수화물 적재를 직접 도와준 것을
모든 사람에게 키스해 준 것을
우리가 하는 말에 관심 있게 귀 기울여 준 것을
유일하게 흑자를 내는 항공사를 경영해 준 것을
휴일 파티에서 노래를 불러 준 것을
직장에서 반바지와 운동화를 신게 해 준 것을

할리 데이비슨 오토바이를 타고 사우스웨스트 본사에 출근한 것을 보스가 아니라 친구가 되어 준 것을 1만 6,000명 임직원이 진심으로 감사를 드립니다.

사우스웨스트 항공사 임직원들이 보스의 날 Boss' Day을 맞아 허브 켈러허 회장에게 감사의 편지를 실은 것이다. 직원들이 돈을 모금해 광고를 실었다는 점도 대단하지만, 편지의 내용 역시 흥미롭고 감동적이다.

보통 CEO로서의 성공 여부는 2가지 기준에 의해 판단될 수 있다.

첫째, 실적이다. 회사의 매출, 이익, 시장점유율, 주가 등에서 높은 성과를 달성해야 성공한 CEO로 평가받는다.

둘째, 존경이다. 회사의 임직원 및 사회 구성원들로부터 존경을 받으면 성공한 CEO로 인정될 수 있다. 아무리 경영실적이 뛰어나도 존경을 얻지 못하면 진정한 의미에서의 성공 기업인이라고 말하기 어려울 것이다.

이 2가지 기준을 완벽하게 충족시키는 CEO가 바로 사우스웨스트의 회장, 허브 켈러허다. 허브 켈러허 Herb Kelleher는 1931년 3월 12일, 미국 뉴저지에서 태어났다. 웨슬리 대학과 뉴욕 대학교 대학원 법학 박사 과정을 마치고 변호사로 활동하던 중 아내의 고향인 텍사스 샌안토니오에 정착한다. 그가 항공 사업에 뛰어들게 된 것은 우연한 계기에서 비롯되었다.

1967년 여름, 켈러허는 롤린 킹이라는 고객을 만났다. 얼마 전, 그가 운영하던 지역 항공사가 파산해 정리 절차를 돕기 위해서였다. 장시간에 걸친 회의를 마치고 두 사람은 식당으로 자리를 옮겼다. 한창 식사를 하는데, 갑자기 롤린이 냅킨 한 장을 내밀었다. 거기에는 새로운 항공 사업에 대한 구상이 간략한 그림과 함께 적혀 있었다. 텍사스 주에 있는 세 개 지역의 대도시만을 운항하는 것이 주요 골자였다. 두 사람은 진지한 토론을 벌린 끝에 저가 항공 사업에 뛰어들기로 의기투합하였다. 1971년, 켈러허는 롤린과 함께 사우스웨스트 항공을 설립하고 첫 번째 운항을 시작한다. 냅킨 위에 쓰인 아이디어가 4년 만에 결실을 맺는 순간이었다.

사우스웨스트는 기존 항공사들과 차별화된 창의적인 운영방식을 도입했다. 먼저 비행기 운항은 국내 단거리 노선에만 집중했다. 비행기는 가격 협상과 유지 보수의 편리성을 위해 한 가지 기종으로 통일했다. 정시에 많은 회수의 운항이 가능하도록 외곽 지역에 위치한 공항을 이용했다. 지정좌석제, 음료, 기내식 등의 서비스를 없애는 대신 운임은 대폭 낮췄다. 평균 45분 정도 걸리던 탑승 대기시간을 15분으로 줄였다.

훗날 사우스웨스트의 트레이드마크로 자리 잡은 다양한 유머, 놀이, 이벤트를 추진하였다. 사우스웨스트의 기장은 게이트에서 직접 승객을 맞이하며, 크리스마스 시즌이 되면 캐럴을 부른다. 승무원들은 안전 수칙을 랩송으로 부르고, 승객의 눈을 가린 후 "누굴까요?"라고 장난을 친다. 사우스웨스트의 기내 방송은 다음과 같은 내용으로 이뤄진다.

"음료나 커피는 4달러, 와인은 3달러에 판매하고 있습니다. 만약 저희 서비스가 마음에 들지 않으시면 기내에 여섯 개의 출구가 있으니, 밖으로 뛰어내리시기 바랍니다. 출구는 앞쪽에 2개, 날개 쪽에 2개, 뒤쪽에 2개가 있습니다. 천장 위의 전등이 디스코장의 불빛처럼 여러분을 출구까지 안내할 것입니다."

"담배를 피우고 싶은 분은 밖에 있는 날개 위로 자리를 옮겨 마음껏 피우시기 바랍니다. 흡연 중에 감상하실 영화는 특별히 준비한 '바람과 함께 사라지다'입니다."

독특한 경영방식과 기업문화에 힘입어 사우스웨스트는 대형 항공사로 급성장했다. 48분기 연속 흑자, 30년 평균 주가수익률 1위, 한 차례의 파업을 제외하곤 노사분규가 전혀 없는 기업, 단 한 명의 인원 감축도 없는 기업, 미국에서 가장 일하고 싶은 기업

1위(1998년, 2002), 세계에서 가장 존경받는 기업 2위(2005) 등 이 사우스웨스트의 눈부신 발전을 입증해 주는 지표들이다.

　이런 경영성과를 거둔 켈러허는 USA투데이가 발표한 '미국 재계에서 가장 영향력 있는 지도자 10인(2007)'에 선정되었다. 사실 사우스웨스트의 성공은 전적으로 켈러허의 독창성에 의해 이뤄졌다고 판단해도 무리가 없을 것이다.

　무엇보다 그는 상상을 초월하는 특이한 경영자였다. 회장으로 취임하던 날, 자유로운 사고를 가로막는다는 이유로 사규집을 창밖으로 던져버렸다. 출근길에는 토끼 분장을, 점심시간에는 엘비스 프레슬리 복장을 하고 나타나 직원들을 즐겁게 만들었다. 이사회 때는 청바지를 입었고, 직원 연설회장에는 오토바이를 타고 등장했다. 광고 문구를 둘러싸고 경쟁 항공사와 분쟁이 생기자 팔씨름 대결을 제안하였다. 정작 시합에서는 패배했지만 언론과 방송으로부터 주목을 받으며 톡톡한 홍보효과를 거두었다. 켈러허는 직원들을 소중하게 대했다 "고객은 두 번째라고 생각한다. 가장 중요한 것은 직원들이다"라는 말이 그의 경영철학이었다. 일요일 새벽이면 회사로 출근해 청소원들에게 도넛을 나눠주고, 함께 작업복을 입은 채 기내를 청소했다. 또한 그는 항공업계 최초로 직원들에게 주식을 나눠줬다. 한 기자가 그에게 이렇게 질문했다.

　"고객은 늘 옳은가요?"

"아니요, 고객이 늘 옳지는 않습니다. 만약 그렇게 생각한다면 사장이 직원들을 크게 배신하는 게 됩니다. 고객은 때때로 잘못된 일을 합니다. 우리는 그런 고객을 수송하고 싶은 생각은 없습니다. 우리는 그런 사람들에게 이런 편지를 보냅니다. '다른 항공편을 이용하십시오. 우리 직원들을 괴롭히지 마세요.'"

켈러허는 직원들의 이름을 모두 외웠고, 따뜻한 관심과 후원을 기울였으며, 즐겁고 자유로운 기업문화를 만들었다. 그리고 사우스웨스트를 최고의 항공사, 가장 일하고 싶은 첫 번째 직장으로 만들었다. 1만 6,000여 명의 임직원들이 자발적으로 감사 편지를 실은 것은 바로 이런 이유들 때문이었다. 현재 사우스웨스트는 직원 수 3만 명, 연간 수익 50억 달러 규모의 초우량 기업으로 발전하였다. 어떤 기준으로 판단해도 켈러허는 성공한 CEO라고 말할 수 있을 것이다.

하지만 켈러허에게도 콤플렉스는 있었다. 그것은 다름 아닌 비전문가라는 시선이었다. 변호사로만 활동했던 그가 항공회사의 CEO로 취임했을 때 우려와 반대의 목소리가 높았다. 항공업계 종사자 대부분이 의심의 눈초리로 바라보았다. 예상대로 켈러허는 경영상의 미숙함을 드러내었다. 그는 모든 일을 자신이 직접 처리하려 들었고, 좀처럼 부하직원을 신뢰하지 않았다. 그렇다고 적극성을 띠지도 못하였다. 1976년에는 다른 항공사를 인수하는 과정에서 자금 부족을 초래해 회사를 위험에 빠트렸다. 결국 인수한 회사를 재매각하는 수모를 겪으며 가까스로 곤경에서 벗어날 수 있었다.

이 사건 이후 켈러허는 새로운 모습으로 변신한다. 조직 및 경영관리에 관한 권한은 부사장에게 위임하고, 자신은 기업문화 및 전략적인 분야에만 관여하였다. 이를테면 전문경영인 체제로 전환한 것이다. 켈러허는 자신의 콤플렉스를 인정했고, 역할 분담이라는 방법으로 자신의 약점을 극복해 냈다. 자신이 잘할 수 있는 분야에만 집중함으로써 오히려 더 좋은 성과를 이뤄낸 것이다.

켈러허 켈러허는 고정관념을 뛰어넘는 아이디어로 저가 항공 사업에 뛰어들었고, 새로운 운영방식으로 큰 성공을 이루었다. 비전문가라는 자신의 콤플렉스는 과감한 역할분담으로 해결하였다. 경영 석학 피터 드러커는 "강점 위에 구축하라"고 말했다. 성공을 향해 비상하려면 자신의 약점에 연연하지 말고 자신의 강점에 집중해야 한다. 허브 켈러허의 말처럼 긍정적인 마음과 유머 감각을 갖고, 창공을 향해 힘껏 날아가 보자.

"인생은 너무 짧고, 너무 진지하고, 너무 힘들기 때문에 반드시 유머 감각이 필요하다"

메리 케이 애쉬
Mary Kay Ash

위대한 일을 바라면
위대한 일이 일어난다

"공기 역학적으로 따지면 땅벌은 절대로 날 수 없다. 하지만 땅벌은 그 사실을 모르기 때문에 계속 날아다닌다. 당신도 땅벌처럼 날 수 있다."

미국의 여성 CEO 메리 케이 애쉬 Mary Kay Ash가 남긴 말이다. 매번 읽을 때마다 희망과 용기를 불러일으킨다. 동물학자들에 의하면 땅벌은 공기역학적으로 날 수 없는 신체구조를 지니고 있다. 왜냐하면 체중에 비해 날개가 몹시 작게 태어나기 때문이다. 그러나 그 사실을 알 리 없는 땅벌은 날갯짓을 멈추지 않으며, 결국 필사적인 노력 끝에 하늘을 날아다닌다. 역시 세상에 불가능이란 없다.

땅벌과 마찬가지로 인간의 능력도 무한하다. 주어진 여건이나 한계를 운명적인 것으로 받아들이지 않을 때, 우리는 불가능을 가능으로 바꿀 수 있다. 메리 케이 애쉬의 삶 또한 불가능을 가능으로 만든 또 하나의 신화였다. 45세가 될 때까지 그녀는 남자들의 절반밖에 되지 않는 연봉을 받으면서도 항상 열정적으로 일했고, 판매여왕의 영예를 수상하는 탁월한 실적을 올리곤 하였다. 그러나 남성 중심의 직장문화 속에서는 더 이상 성장하기가 어렵다고 판단한 후 회사를 떠나기로 결심한다.

1965년 9월 13일, 메리 케이 애쉬는 48세의 나이에 5,000달러의 자본금으로 미국 달라스에서 화장품을 판매하는 '뷰티'를 설립하였다. 처음 출발은 14평 사무실에 9명의 판매원이 직원의 전부인 작은 규모였다. 그러나 빠른 속도로 성장을 거듭하여 2005년, 세계 3대 화장품 직판 회사, 매출액 10억 달러, 37개국에 200만 명의 뷰티컨설턴트들이 활동하는 세계적인 화장품 기업으로 발전하였다. 이러한 공로를 인정받아 메리 케이 애쉬는 훌륭한 미국 시민에게 주는 '호레이쇼 앨저상 수상(1978)', '미국의 가장 영향력 있는 여성 25에 선정(1985)', '미국 경영인 비즈니스 명예의 전당 헌정(1996)', '베일러 대학이 제정한 미국 역사상 최고의 여성기업가상 수상(2003)' 등 수많은 명예를 차지하였다.

그녀의 사업과 인생이 처음부터 순탄했던 것은 아니다. 오히려 가난과 이혼, 사별 등의 아픔이 잇따라 그녀의 삶에 찾아왔다. 그녀의 성공은 불행과 역경에 맞서 싸운, 힘겨운 승리의 산물인 것이다.

메리 케이 애쉬는 1918년 미국 텍사스 주 휴스턴에서 태어났다. 직장에 다니는 어머니 대신 그녀는 일곱 살 때부터 결핵에 걸린 아버지를 돌보며 집안 살림을 도맡아 했고, 고등학교 때는 전 과목 A를 받으며 의사가 되는 꿈을 가졌지만 집안 사정으로 대학 진학을 포기해야만 했다. 고등학교를 졸업할 무렵 결혼하여 세 아이를 낳았지만 믿었던 남편의 외도로 이혼의 아픔을 겪어야 했다. 얼마 후 재혼한 남편은 사업을 시작한 지 한 달이 채 지나지 않았을 때, 갑작스런 심장마비로 사망하고 말았다. 메리 케이 애쉬가 회사를 설립하기 위해 찾아갔던 변호사는 이렇게 말했다.

"메리 케이 씨, 전 재산을 들여서 낭비할 거라면 차라리 쓰레기통에 버리는 것이 낫지 않겠소?"

그러나 그녀는 꿈을 포기하지 않았다. 오히려 더욱 악착같이 하루 16시간 이상씩 일하며 고난과 역경을 극복해 나갔다. 시간이 갈수록 회사는 성장하기 시작했고 1963년 회사의 주식을 공개하며 그녀는 백만장자의 꿈을 이룰 수 있었다. 1978년, 메리 케이 애쉬는 '불운을 딛고 성공한 뛰어난 미국인상'을 수상하는 영광을 차지했다. 과연 메리 케이 애쉬의 성공 비결은 무엇일까?

메리 케이 애쉬가 처음부터 사업을 꿈꾼 것은 아니었다. 회사를 퇴직했을 무렵 그녀는 여성이라는 이유로 차별과 불평등한 대우를 받고 있는 현실을 고발하기 위해 책을 쓰기로 결심했다.

그리곤 자신이 느꼈던 좋은 점과 개선할 사항을 글로 정리했다. 여성을 위한 공정한 급여와 유연한 근무시간, 영업사원 스스로 확신을 갖고 추천할 수 있는 뛰어난 제품, 판매로만 끝나는 것이 아니라 피부관리법에 대한 지속적인 정보제공과 교육, 5~10명 단위의 소그룹 고객을 모아 놓고 판매사원을 보내 피부 관리를 직접 지도하는 영업 방식 등으로 모아졌다.

메리 케이 애쉬는 자료들을 검토하던 중, 새로운 방식으로 사업을 시작하면 성공할 수 있을 것이라는 확신을 갖게 되었다. 그리곤 메리케이 코스메틱을 설립하였다. 메리 케이 애쉬는 남과 달랐다. 남성 중심의 비즈니스 세계에서 여성만의 장점을 활용하는 사업방식에 눈길을 돌렸다. 그리곤 새로운 조직체계, 새로운 경영이념, 새로운 영업방식을 통해 꿈의 회사를 만들었다. 성공을 원한다면 자신의 한계, 주변 환경의 제약에 포기하지 말고 극복해 나가야 한다. 메리 케이의 말로 자신을 격려해 보자.

"당신이 위대한 일이 일어나길 바라면 정말 위대한 일이 일어난다."

하워드 슐츠
Howard Schultz

익숙한 것들을 떠나라

2008년 2월 26일 오후 5시 30분, 여느 때와 마찬가지로 커피를 즐기기 위해 스타벅스 매장을 찾은 사람들은 다른 곳으로 발길을 돌려야 했다. 이날 미국 전역의 스타벅스 매장 7,100개가 3시간 30분 동안 일제히 문을 닫았기 때문이었다. 그것은 급격한 매출 하락으로 경영위기에 처한 스타벅스를 살리기 위해 8년 만에 최고경영자로 복귀한 하워드 슐츠가 내린 첫 번째 결정이었다. 모든 매장 입구에는 다음과 같은 안내문이 붙어 있었다.

"완벽한 맛과 크레마를 가진 에스프레소는 숙련된 기술을 필요로 합니다. 고객 여러분께 최상의 에스프레소를 선사하기 위해 잠시 시간을 갖고 그 기술을 향상시키는 데 전념하려고 합니다. 고객 여러분의 양해를 부탁드립니다."

이날 13만 5,000여 명에 이르는 바리스타들은 문을 걸어 잠근 매장 안에서 에스프레소 제조와 고객 서비스에 대한 재교육을 받았다. 3시간 30분의 영업 중단으로 인해 발생한 매출 손실은 600만 달러에 달했지만, 이를 계기로 스타벅스 커피에 대한 품평은 수직 상승하기 시작했다. '천년의 커피 역사를 뒤집는 성공의 신화를 이룩한 기업가'라는 슐츠의 명성이 다시 한 번 빛을 발한 순간이었다. 그로부터 2년 후인 2010년, 스타벅스는 11조 원에 달하는 사상 최대의 매출 실적을 기록하며 제2의 전성기를 맞이했다. 스타벅스의 혁신을 주도한 슐츠는 〈포춘〉지가 발표한 '2009 최고의 CEO', 〈타임〉지가 발표한 '세계에서 가장 영향력 있는 100인'에 선정되었으며, 미 경제전문 매체 마켓워치는 21세기 첫 10년간 최고의 성과를 보인 경영자 10명에 하워드 슐츠의 이름을 올렸다.

하워드 슐츠Howard Schultz는 1953년 7월 19일, 미국 뉴욕 브루클린의 빈민가에서 트럭 운전사의 2남 1녀 중 첫째로 태어났다. 7세 때 배달부로 일하던 아버지가 발목이 부러지는 사고로 일자리를 잃게 된다. 최소한의 의료보험 혜택도 받지 못한 채 회사에서 해고된 아버지의 모습은 훗날 슐츠로 하여금 '나에게는 무엇보다 직원 행복이 최우선이고, 고객 만족은 그 다음이다'라는 신념을 갖게 만든다.

얼마 후, 폐암으로 아버지가 세상을 떠나자 슐츠의 가족은 극심한 가난에 시달려야 했다. 슐츠는 12살 때부터 신문을 돌리고 식당 서빙, 술집 바텐더 등 온갖 아르바이트를 하며 돈을 벌어야 했다. 학교는 계속 다녔지만 빈민촌에 살던 그에게 대학 진학이란 꿈 같은 이야기였다. 다행히 미식축구에 재능을 나타냈던 슐츠는 운동을 통해 대학에 입학하겠다는 목표를 세웠다. 밤낮 없이 피나는 훈련으로 실력을 갈고 닦은 결과, 슐츠는 노던미시간 대학에 장학생으로 입학할 수 있었다.

대학 졸업한 후 1년여 간 미시건 주의 스키장에서 일하던 슐츠는 제록스사에 세일즈맨으로 취직을 한다. 입사 후, 6개월간 날마다 50명 이상의 사람에게 전화를 걸었지만 단 한 대의 판매실적도 기록하지 못했다. 그는 형편없는 영업사원이라는 비난 속에서도 용기를 잃지 않았고, 3년 만에 최고의 세일즈 사원으로 거듭난다. 제록스에서 일하며 세일즈와 마케팅 분야의 경력을 쌓은 뒤, 슐츠는 가정용품을 파는 스웨덴 국적의 해마플라스트사로 회사를 옮긴다. 이곳에서도 탁월한 실력을 발휘한 슐츠는 부사장 겸 총지배인 자리에까지 오르게 된다.

순탄한 직장생활을 이어가던 슐츠에게 그 자신도 예상치 못했던 운명이 찾아온 것은 아주 작은 계기에서 비롯되었다. 1981년, 시애틀의 한 조그만 커피 전문점에서 구형 드립식 커피 추출기를 다량으로 주문한다는 사실에 호기심을 느낀 그는 시애틀행 비행기에 몸을 실었다. 그가 찾아간 커피점은 '스타벅스'였는데 미국 작가 멜빌의 소설 《모비딕》에 등장하는 일등 항해사 '스타벅starbuk'의 이름에서 따온 것이었다. 당시 스타벅스는 커피숍이 아니라 커피 원료와 커피 만드는 기계를 판매하는 전문점이었다. 학교 교사와 작가였던 제럴드 볼드윈, 고든 보커, 지브 시글이라는 커피 애호가들이 각각 1만 달러씩을 투자하여 설립한 작은 규모의 회사에 불과했다.

그러나 슐츠는 고급 원두커피 사업의 비전에 매료되었다. 1982년, 슐츠는 기존 회사에서 받던 연봉 7만 5,000달러를 포기하고 유통과 마케팅 담당 이사로 스타벅스에 합류하여 일하기 시작한다. 1983년, 이탈리아 밀라노에서 열리던 국제 가정용품 전시회에 참석 중이던 슐츠는 길거리에서 본 에스프레소 바에서 새로운 형태의 커피 사업에 대한 영감을 얻는다. 미국으로 귀국한 그는 경영진을 찾아가 스타벅스 매장에서 직접 커피를 만들어 팔자고 제안하지만 거절당하고 만다. 1985년 슐츠는 회사를 나와 '일 지오날레Il Giornale'라는 커피 회사를 직접 설립하고 커피를 판매하기 시작한다. 슐츠는 당시의 상황을 다음처럼 회고하고 있다.

'이것은 바로 나 자신을 위한 순간이다. 만일 내가 이 기회를 잡지 않는다면, 만일 내가 지금 모험을 하지 않는다면, 만일 내가 이 많은 시간을 그대로 허비해 버린다면, 나의 순간, 나의 기회는 그냥 지나가 버리고 말 것이다!'

결과는 대성공이었다. 체인점은 빠른 속도로 증가했고 '일 지 오날레'는 커피 판매 시장을 장악해 나갔다. 1987년, 슐츠는 여기 저기서 돈을 빌려 380만 달러에 스타벅스를 인수한다.

　이후 그는 '스타벅스는 커피를 파는 곳이 아니라 문화적 체험을 파는 곳'이라는 경영철학을 토대로 눈부신 성장을 이뤄낸다. 인수 당시 점포 11개, 직원 100명에 불과했던 스타벅스는 현재 전 세계 53개국 1만 7,000여 개 점포에서 17만 2,000여 명의 직원이 연 매출 100억 달러의 실적을 올리고 있다. 2006년 스타벅스는 〈비즈니스 위크〉가 선정한 '세계 100대 브랜드'에 선정되며 최고의 커피 브랜드로 자리 잡았다. 현재 스타벅스의 브랜드 가치는 50억 달러를 넘는 것으로 추산되고 있다. 2007년 3월, 미 경영전문지 〈포브스〉는 하워드 슐츠의 재산을 11억 달러로 발표하며 억만장자 클럽에 그의 이름을 올렸다. 2010년, 하워드 슐츠의 연봉은 2,170만 달러에 달한다.

　슐츠는 커피에 대한 고정관념에서 벗어나 새로운 사업개념과 창의적인 서비스를 제시하였다. 그리고 일개 커피판매점에 불과했던 스타벅스를 '커피를 갈아 금으로 만드는 기업'으로 만들었다. 슐츠가 스타벅스 커피를 세상에 선보이자 '커피 한 잔에 3달러(당시 가격)를 지불할 미국인은 아무도 없다'는 비난과 조롱이 빗발치듯 쏟아졌다. 그러나 그는 자신의 판단을 확신했다. 오늘날 매주 5,000만 명 이상의 사람들이 스타벅스 매장을 방문해 따뜻한 커피 한 잔과 함께 하루를 시작하고 있으며, 한국에도 340여 개의 스타벅스 매장이 문을 열고 성황을 이루고 있다.

하워드 슐츠는 커피 사업에 대한 남다른 비전과 열정, 직원과 고객에 대한 존중, 과감한 도전과 혁신으로 성공을 이루었다. 그는 모두 만류하는 고가 커피 사업에 뛰어들었다. 만약 그가 주변 사람들의 반대에 자신의 신념을 굽혔다면 오늘날의 스타벅스는 존재하지 않았을 것이다.

2010년 10월 18일, 슐츠는 스타벅스 메뉴에 술을 추가하겠다고 발표했다. 이를 보도하는 언론과 방송 기사에는 대부분 다음과 같은 제목이 붙어 있었다.

'정신이 나간 걸까, 영감을 받은 걸까? Crazy or inspired?'

슐츠는 이전에 존재하지 않았던 새로운 산업분야를 만들어냈다. 스타벅스 메뉴에 술을 추가한 모험이 어떤 결과를 초래할지는 쉽게 예측할 수 없지만, 우리는 다음과 같은 그의 말을 겸허하게 되새겨 볼 필요가 있다. 성공을 위해서는 익숙한 것들과 결별하여 남들과 다른 일을, 남들과 다른 방법으로 시도해야 한다.

"용기와 도전은 적정한 때에 우리를 던지는 것이다. 우리는 자신의 기회를 스스로 만들어야 하며 다른 사람들이 보지 못하는 커다란 어떤 것을 보았을 때 과감히 뛰어들 준비가 되어 있어야 한다. 꿈을 꾸는 것도 필요하지만, 적절한 순간 주변의 익숙한 것들을 떠나 자신의 목소리를 찾기 위해 과감히 떠날 줄 알아야 한다. 그것이 바로 1985년에 내가 감행한 일이다."

미겔 데 세르반테스
Miguel de Cervantes

재산보다는 희망을 욕심내라

매년 4월 23일은 '세계 책의 날'이다. 1995년 제28차 유네스코 총회에서는 "역사적으로 인류의 지식을 전달하고 이를 가장 효과적으로 보존하는 데 큰 구실을 해온 책의 중요성을 인식하고, 책의 보급이 문화적 전통에 대한 사람들의 인식을 발전시킬 뿐만 아니라 이해·관용·대화를 기초로 한 사람들의 행동을 북돋운다는 점을 인정하여, 4월 23일을 세계 책과 저작권의 날로 제정한다"고 결의했다.

특별하게 4월 3일로 지정된 데는 영국 작가 윌리엄 셰익스피어, 그리고 스페인 작가 미겔 데 세르반테스가 1616년 4월 23일 나란히 세상을 떠난 것을 기리는 뜻이 담겨져 있다. 스페인 카탈루냐에서는 이 지역의 수호성인 상트 호르디(성^{聖}조지) 축일과 세르반테스의 서거일이 겹치는 4월 23일이 되면 '책과 장미 축제'가 열린다. 거리 곳곳에는 '사랑을 위해 장미를, 영원을 위해 책을$^{\text{A rose for love and a book forever}}$'이라는 현수막이 내걸리며, 남성은 여성에게 장미꽃 한 송이를, 여성은 남성에게 책 한 권을 선물하며 사랑을 고백한다. 1926년부터 시작된 이 풍습이 유럽의 다른 지역으로 확산되며 '세계 책과 저작권의 날'로 발전되었다.

셰익스피어와 함께 '세계 책의 날'의 주인공이 된 세르반테스는 잘 알려진 것과 같이 《돈키호테》의 저자다. 처음 책이 출간된 지 400년의 시간이 흘렀지만, 돈키호테에 대한 사람들의 관심과 사랑은 점점 더 뜨거워져 가고 있다. 2002년, 노르웨이 노벨연구소는 살만 루시디, 노먼 메일러, 밀란 쿤데라 등 세계 50여 개국 출신 유명작가 100명에게 가장 훌륭한 문학작품 10개를 추천하도록 부탁하였다. 그 결과 세르반테스의 돈키호테가 50% 이상의 득표율로 '세계문학사상 최고의 작품'에 뽑혔다.

1949년 노벨문학상을 수상한 미국 작가 윌리엄 포크너와 스페인 전 총리 펠리페 곤살레스는 매일 《돈키호테》를 읽는다고 말했다. 2007년 5월, 스페인 국영방송에서 '역사상 가장 위대한 스페인'을 조사한 결과 카를로스 스페인 국왕에 이어 세르반테스가 2위를 차지하였다. 스페인의 10센트 동전에는 '돈키호테'를 지은 세르반테스의 얼굴이 들어가 있다. 이처럼 돈키호테와 세르반테스의 명성은 세월이 흐를수록 더욱 빛을 발하고 있다.

그러나 돈키호테가 차지하고 있는 찬란한 영광과는 별개로 세르반테스의 삶은 비참함으로 얼룩진 인생이었다. '목표에 도달하는 것보다 그 여정이 더 성스럽다'는 세르반테스의 말은 어쩌면 그 자신의 삶에 대한 예찬이었을지도 모른다.

미겔 데 세르반테스Miguel de Cervantes, 1547~1616는 1547년 9월 29일, 에스파냐의 수도 마드리드 동북부의 알칼라 데 에나레스에서 일곱 남매 중 넷째로 태어났다. 어린 시절에는 외과 의사였던 아버지, 로드리고 세르반테스rodrigo cervantes를 따라 스페인의 여러 도시를 돌아다녔다. 1551년, 경제적으로 무능했던 아버지가 빚 때문에 전 재산을 차압당하고 감옥에 투옥되자 세르반테스의 고난이 시작된다.

계속되는 가난으로 인해 세르반테스는 제대로 된 정규교육을 거의 받지 못하고 성장하였다. 1564년, 가족을 따라 세비야로 이사했을 때 우연히 로페 데 루에다lope de rueda의 연극을 보고 감명을 받아 극작가의 길을 꿈꾸게 된다. 1566년, 19세가 되었을 무렵 펠리페 2세의 왕비 도냐 이사벨dona isabel이 사망하자 다른 사람들과의 공동 작품집에 몇 편의 추모시를 썼던 것으로 전해진다.

1569년 안토니오 데 시구라antonio de sigura와의 결투로 인해 체포될 위기에 처하자 로마로 도피한다. 그 후 이탈리아를 방문 중이던 아크콰비바 추기경의 비서로 활동하다 베네치아에서 주둔하고 있던 에스파냐 보병부대에 자원 입대한다. 1571년, 베네치아와 제노바와 에스파냐의 연합군이 투르크 군과 지중해의 패권을 놓고 싸운 레판토 해전이 벌어졌다. 이 전투에 참가한 세르반테스는 평생 왼손을 쓰지 못하는 총상을 입는다.

28세 때인 1575년, 에스파냐로 향하는 배를 타고 귀국길에 오른 세르반테스는 알제리에서 활동하던 해적들의 습격을 받아 노예로 붙잡힌다. 해적들은 세르반테스를 풀어주는 대가로 몸값을 요구한다. 그러나 하루하루 가난에 허덕이던 가족들로서는 지불하기 불가능한 막대한 금액이었다. 결국 외부로부터 아무런 도움을 받을 수 없게 되자 세르반테스는 목숨을 건 탈출을 시도한다. 그러나 네 번에 걸친 탈출 시도는 모두 수포로 돌아갔고 그때마다 세르반테스는 혹독한 처벌을 받아야 했다. 이런 사실이 알려지자, 알제리에 있던 가톨릭 신부들이 돈을 모아 세르반테스의 몸값을 대신해 풀려날 수 있었다.

1580년, 세르반테스는 지옥과도 같았던 5년간의 포로 생활을 마치고 에스파냐로 귀국한다. 1585년, 세르반테스는 첫 번째 소설 《라 갈라테아》를 시작으로 여러 편의 희곡을 쓰기 시작했지만 독자들의 냉담한 반응과 함께 빈곤한 생황에서 벗어날 수 없었다.

결국 세르반테스는 작품 활동을 중단하고 물자 조달관, 세금 징수관의 말단 관리원으로 일하며 생계를 유지한다. 그러나 그의 불운은 끊이지 않았다. 세금을 예치해 놓은 은행의 파산, 영수증을 잘못 발행하는 등 여러 가지 실수로 1592년부터 네 차례 감옥에 갇히게 된다.

　세르반테스가 《돈키호테》를 구상하고 집필을 시작한 것은 1597년 세비냐 감옥 안에서의 일로 알려져 있다. 1605년 1월 16일, 마드리드의 프란시스코 데 로블레스 도서관에서 판매에 들어간 《돈키호테》는 순식간에 1,200부가 날개 돋친 듯 팔려 나갔다. 그러나 세스반테스는 출판업자에게 판권을 넘겨버린 까닭에 변변한 수입을 거두지 못하였다.

　《돈키호테》가 대단한 인기를 얻자 여기저기서 가짜 속편이 나타나기 시작했다. 서둘러 집필에 나선 세르반테스는 1615년, 총 74장으로 이루어진 돈키호테 속편을 세상에 내놓았다. '세계 문학사상 최고의 작품'이 완성된 순간이었다. 1616년 4월 23일, 수종증이 악화되어 있던 세르반테스는 69세를 일기로 사망하였다. 아직까지 그의 유해나 무덤은 발견되지 않고 있다.

　세르반테스의 삶은 처음부터 끝까지 고난과 역경의 연속이었다. 아버지의 죽음, 가난, 도피, 불구가 된 왼쪽 팔, 5년에 걸친 노예생활, 4번의 탈옥 실패, 몇 차례의 감옥 수감, 경제적인 궁핍 등이 그의 인생을 휩쓸고 지나갔다. 그런 그가 자유로운 정신, 비참한 현실을 개척해 나가는 불굴의 의지, 이상향에 대한 낭만과 열정으로 가득 찬 《돈키호테》 같은 소설을 썼다는 사실은 매우 경이로운 일이 아닐 수 없다. 소설 속에서 풍차를 향해 돌진하는 돈키호테와 같이 세르반테스도 자신의 불운과 불행에 맞서 끝까지 좌절하지 않고 싸운 것이다.

숱한 역경 속에서도 희망과 용기를 잃지 않았던 세르반테스는 다음과 같은 말을 남겼다.

"보잘것없는 재산보다 훌륭한 희망을 가지는 것이 훨씬 낫다. 재산을 너무 욕심 내지 말자. 재산보다는 희망을 욕심내자. 어떠한 일이 있어도 희망을 포기하지 말자."

"우리가 맞붙어 싸워야 할 가장 큰 적은 바로 우리들 자신 속에 있다."

"운명은 항상 너를 위하여 보다 더 훌륭한 성공을 준비하고 있는 법이다. 그러므로 오늘 실패한 사람이 내일에 가서는 성공하는 법이다."

러시아의 작가 이반 투르게네프는 세상 사람들을 '햄릿형 인간'과 '돈키호테형 인간'으로 구분하였다. '햄릿형 인간'은 뛰어난 지각과 통찰력을 지녔지만 실천력의 결여로 세상에 기여하는 것이 없다. 반면에 '돈키호테형 인간'은 이상적 세상에 대한 상상력이 풍부하면서도 절대로 자신의 꿈을 포기하지 않기 때문에 인류역사에 변화를 가져오게 된다. 아마도 사람들이 《돈키호테》를 즐겨 읽는 까닭은 자신이 세상을 바꾸는 '돈키호테형 인간'이 되고 싶기 때문일 것이다.

운명을 바꾸고, 성공을 얻고 싶다면 먼저 자신과 맞서 싸워라. 재산보다는 희망을 욕심내고, 어떠한 일이 있어도 희망을 포기하지 말라. 혹시라도 마음이 약해질 때는 돈키호테의 말을 기억해 보자.

'세상이 미쳐 돌아갈 때 가장 미친 짓은 현실에 안주하며 꿈을 포기하는 일이다.'

빌리 홀리데이
Billie Holiday

검둥개라 불러도
나는 노래한다

"당신이 나를 검둥개라도 불러도 나는 노래를 할 뿐이다"

재즈의 여왕 빌리 홀리데이Billie Holiday가 생전에 남긴 말이다. 그녀는 엘라 피츠제럴드, 새라 본과 함께 3대 여성 재즈 보컬리스트로 불릴 만큼 큰 인기와 부를 누렸던 가수다. 독특하고 우울한 음색을 가졌던 그녀는 특히 블루스의 해석에 뛰어난 가창력을 나타냈다. 그녀의 노래는 모든 재즈가수에게 큰 영향을 남겼고, 많은 사람들에게 따뜻한 공감과 위로를 안겨 주었다. 일본 작가 무라카미 하루키는 빌리에 대해 이렇게 칭송했다.

"그녀의 노래를 듣다 보면 내가 삶을 통해 지금까지 저질러온 많

> 은 실수와 상처 입힌 사람들의 마음을 그녀가 대신 고스란히 받아들이고 용서해 주는 기분이 든다."

1915년 4월 7일, 빌리는 미국 메릴랜드 주 볼티모어에서 태어났다. 그녀의 본명은 일리노어 페이건이었다. 아버지는 그녀가 태어나기도 전에 떠나버렸다. 14살에 불과했던 어머니는 백인 가정에서 하녀로 일하고 있었는데, 임신 사실이 알려지자 쫓겨나고 말았다.

빌리는 외가로 보내진다. 여덟 살 무렵, 어머니를 대신해 빌리를 맡아 기르던 외할머니마저 사망한다. 빌리는 이웃집을 다니며 심부름과 허드렛일로 돈을 벌어야 했다. 10살이 되었을 때, 백인남성으로부터 성폭행을 당하는 끔찍한 사건이 발생한다. 어처구니없게도 경찰은 빌리를 불량소녀로 몰아 감화원에 보낸다. 2년 후, 어머니의 도움으로 풀려나지만 이번에는 흑인남자로부터 성폭행을 당한다. 그야말로 설상가상이었다.

결국 어머니는 빌리를 데리고 뉴욕으로 이주한다. 하지만 사정은 나아지지 않았다. 경제대공황의 한파로 일자리를 구하지 못한 빌리는 슬럼가에서 몸을 팔기 시작한다. 열심히 살았지만 월세조차 낼 돈이 없어 집에서조차 쫓겨날 위기에 처한다.

이때, 우연히 '포즈와 제리즈'라는 나이트클럽의 피아니스트에게 발탁되어 가수로서의 인생이 펼쳐진다. 빌리는 짙고 낮은 목소리에 호소력 있는 창법으로 사람들의 마음을 사로잡았다. 이 당시부터 '빌리 홀리데이'라는 예명을 사용했는데, 항상 머리에 하얀 치자 꽃을 달고 노래를 불렀다. 1933년, 베니 굿맨과 함께 부른 노래가 큰 성공을 거두며 빌리의 이름이 널리 알려지기 시작했다. 그녀는 재즈 가수로의 최전성기를 보내며 '에스콰이어 재즈 비평가상(1944)', '올해의 메트로놈 보컬리스트상(1946)'을 수상했다. 1948년에는 카네기 홀Carnegie Hall에서 노래를 불렀고, 1954년에는 어릴 적부터의 꿈인 유럽 순회공연을 성공리에 마쳤다.

빌리가 얻은 뜨거운 갈채와 화려한 영광의 이면에는 그에 상응하는 불행과 상처도 많았다. 무엇보다 그녀가 활동한 시대는 흑인에 대한 인종차별이 심했던 암흑과도 같은 시기였다. 한 번은 스윙재즈의 대표자격인 아티 쇼Artie Show의 음악 밴드와 함께 순회공연을 다니게 되었다. 연주가 끝나면 백인 연주자들은 따뜻한 호텔방에서 피로를 풀었다. 하지만 빌리는 잠자리를 찾아 추운 밤거리를 헤매야 했다. 흑인에게는 숙소를 제공하지 않는다는 호텔 방침 때문이었다.

1937년, 성인이 되어 재회한 아버지가 빌리와의 공연여행 중 폐렴으로 사망하는 일이 벌어진다. 사경을 헤매고 있었지만 흑인이라는 이유만으로 어떤 병원에서도 입원을 받아들이지 않았다. 이런 일들을 겪으며 빌리의 음악은 강력한 메시지를 담기 시작한다. 1939년 1월, 그녀는 인종 차별의 수치스러운 역사를 고발한 노래 '이상한 열매'를 발표하였다. 그 후로 빌리는 자신의 콘서트 마지막에서는 항상 이 노래를 불렀다.

인종차별과 함께 그녀의 결혼생활 또한 불행의 연속이었다. 1941년에 결혼한 첫 남편 지미 몬로는 심각한 아편중독자였다. 빌리는 곧 그와 이혼했다. 1944년, 트럼펫 연주자 조 가이를 만나며 헤로인을 배우게 된다. 빌리는 마약과 알코올에 빠져들기 시작했고, 결국 마약소지죄로 체포되어 1년간 감옥에 갇힌다. 1948년, 뉴욕 클럽 에보니Ebony의 사장 존 레비와 교제하지만 곧 결별한다. 그는 빌리를 노예처럼 부려먹으며 돈을 갈취했다. 1952년, 새로운 매니저 루이스 맥케이와 결혼식을 올리지만 12개월이 채 못가 이혼 수속을 밟는다. 빌리는 마약과 알코올에 빠져들었고, 점점 건강을 잃어갔다. 1959년 7월 17일, 맨해튼의 병원에서 빌리는 목숨을 거두고 만다. 의사가 밝힌 사망 원인은, 마약 중독 말기 증상이었다. 그녀의 나이 불과 44세였다.

빌리에게는 'Lady Day'라는 별명이 늘 따라다녔다. 최고의 색소폰 연주자 레스터 영Lester Young이 붙여주었다는 말도 있고, 절대로 허리를 굽혀 인사를 하지 않는 도도한 모습에서 만들어진 것이라는 주장도 있다. 그만큼 그녀는 소신 있는 삶을 살았고, 자신만의 독특한 음악세계를 구축했다. 평론가 존 부시는 그녀에 대해 "미국 팝 보컬의 예술을 영원히 바꿔놓았다"라고 평하였다.

특히 그녀는 자유와 평등을 노래한 인권운동가였다. 자신이 인종차별의 희생자였으며, 동시에 인종차별의 벽에 맞서 싸웠다. 그녀가 부른 '이상한 열매'는 백인 폭도에게 살해되어 나뭇가지에 매달린 가련한 흑인들을 비유해 만든 노래였다. 그녀의 노래는 백인 사회에 경종을 울렸으며, 사회적 차별에 시달리는 사람들에게는 희망과 용기를 전해 주었다.

빌리 홀리데이! 그녀는 절망적인 시대를 살았다. 흑인은 식당 출입을 못하고, 호텔에서 잠을 잘 수도 없으며, 병원에서조차 받아들여지지 않던 시대였다. 하지만 그녀는 굴복하지 않았고, 자신을 둘러싼 온갖 차별과 불평등을 이겨내며 가수로서 최정상에 올랐다.

그녀는 이제 재즈의 전설로 남았으며 우리에게 한 가지 교훈을 들려주고 있다. 성공의 정상은 다른 사람의 비난에 연연하지 말고 묵묵히 자신의 길을 걸어가는 사람만이 도달할 수 있다는 사실을. 어디선가 확신에 찬 빌리의 노래 소리가 들리는 듯하다.

"당신이 나를 검둥개라고 불러도 나는 노래를 할 뿐이다!"

정주영

시련은 있어도
실패는 없다

　미국 작가 찰리 헤지스Charlie Hedges는 '꿈이란 당신이 잠에서 깨어나면 잊어버리는 그 무엇이 아니라, 당신을 잠에서 깨우는 그 무엇이다'라고 말했다. 성공에 대한 뜨거운 갈망, 이루고자 하는 간절한 꿈이 있는 사람은 반드시 성공하게 되어 있다. 당신에게는 잠에서 깨어나게 만드는 꿈이 있는가? 아침마다 기대감으로 일어나게 만드는 꿈이 있는가? 여기 새벽마다 설렘으로 잠에서 깨어난 사람을 소개한다.

　정주영은 현대그룹의 창업자이며 호는 아산峨山이다. 1915년 강원도 통천군 송전리 아산마을에서 6남 2녀 중 장남으로 태어났다. 1930년, 송전소학교를 졸업했으나 가난 때문에 상급학교에 진학하지 못하고 아버지 농사를 도왔다.

어렸을 때 두 번째로 가출을 시도한 정주영이 작은 할아버지 댁에 며칠 머물러야겠다고 생각했다. 그곳에 가려면 강을 건너야 했는데, 문제는 뱃삯이 없었다. 그는 잠시 망설이더니 이내 아무 거리낌 없이 당당한 모습으로 배에 올라탔다. 건너편에 도착할 무렵 뱃사공이 손을 내밀자 정주영은 돈이 없다고 대답하였다. 기가 막힌 사공은 큰 소리로 호통을 치며 정주영의 따귀를 때렸다. 잠시 후 배에서 내린 정주영은 하하하 웃으며 "따귀 한 대로 뱃삯을 치렀으니 정말 싸게 탔다"고 말했다. 그야말로 호탕한 뱃심이 아닐 수 없다.

가난에서 벗어나겠다는 일념으로 몇 차례 가출을 반복한 끝에 1937년 9월, 경일상회라는 미곡상을 시작한다. 1940년, 27살이 되던 해에 자동차 정비공장을 인수하는데 문을 연 지 한 달도 되지 않아 화재로 모든 것을 잃고 만다. 다행히 쌀가게 시절에 성실하게 일하며 쌓았던 신용을 바탕으로 주변 사람들에게 돈을 빌려 재기한다.

1946년 4월, 현대자동차공업사를 설립하였고 1947년 5월에는 현대토건사를 설립하면서 건설업을 시작하였다. 이후 해외건설 시장 개척과 울산 조선소 건설, 서산 앞바다 간척사업 등을 성공적으로 추진하면서 대기업으로 성장하였다. 1987년 경영 일선에서 물러났는데 몇 년 후인 1992년, 통일국민당을 창당하며 정치에 뛰어들었다. 제14대 국회의원선거에서 전국구의원으로 당선되었고, 같은 해 12월에는 제14대 대통령선거에 출마하였으나 낙선하였다. 이후 정계에서 은퇴하고 1993년 현대그룹 명예회장으로 복귀하였다. 1998년 6월 16,일 500마리의 소와 함께 판문점을 넘는 이벤트를 연출하며 세계의 이목을 집중시켰고 몇 차례 더 북한을 방문하여 금강산관광을 성사시켰다. 2000년 5월 명예회장직을 사퇴하였으며, 2001년, 폐렴으로 인한 급성호흡부전증으로 사망했다. 2007년 대한상공회의소가 실시한 '가장 존경하는 기업인' 설문에서 정주영은 1위(34.1%)를 차지하였다.

정주영은 강인한 의지와 노력으로 자수성가한 산업화 시대의 대표적인 기업인이다. 그에 관해서는 흥미로운 일화가 많이 전해진다.

정주영이 자주 사용하던 말 중에 '빈대만도 못한 놈'이라는 표현이 있다. 부두에서 막노동을 하던 시절, 정주영은 빈대를 피하기 위해 네 개의 물그릇에 상다리를 담가 놓고 그 위에 올라가 잠을 자곤 하였다. 그런데 며칠이 지나지 않자 다시 빈대에게 시달려 밤잠을 이룰 수 없었다. 어떻게 된 일인지 살펴보니 빈대들이 벽을 타고 올라가 천정 위에서 밑으로 뛰어내리는 것이었다. 이 모습을 본 정주영은 빈대도 머리를 쓰면 성공하는 데 사람이 이루지 못할 일은 아무것도 없다는 믿음을 갖게 되었다. 그가 남긴 몇 가지 말을 살펴보자.

"무슨 일이든 할 수 있다고 생각하는 사람이 하는 법이다. 의심하면 의심하는 만큼 밖에는 못하고, 할 수 없다고 생각하면 할 수 없는 것이다."

"나는 생명이 있는 한 실패는 없다고 생각한다. 내가 살아있고 건강한 한 나한테 시련은 있을지언정 실패는 없다."

"스스로 운이 나쁘다고 생각하지 않는 한 나쁜 운이란 없다."

정주영은 희망과 긍정의 기업인이었다. '내 사전에 불가능이란 단어는 없다'는 나폴레옹처럼 정주영에게도 불가능이란 존재하지 않았다. 생명이 있는 한 노력하면 이루지 못할 일은 없으며, 스스로 실패라고 생각하지 않는 한 모든 것은 극복할 수 있는 시련에 불과할 뿐이라는 것이 정주영의 신념이었다. 정주영의 성공에는 이런 강한 정신력과 굳은 의지가 큰 뒷받침이 되었을 것이다. 그는 자신이 성공한 원인을 다음과 같이 설명했다.

"나는 젊었을 적부터 새벽 일찍 일어난다. 그날 할 일이 즐거워서 기대와 흥분으로 마음이 설레기 때문이다. 아침에 일어날 때의 기분은 소학교 때 소풍 가는 날 아침 가슴이 설레는 것과 꼭 같다. 또 밤에는 항상 숙면할 준비를 갖추고 잠자리에 든다. 날이 밝았을 때 일을 즐겁고 힘차게 헤치워야 되겠다는 생각 때문이다. 옆도 뒤도 안 보고 그저 죽자고 일을 했더니 쌀가게 주인이 됐고, 또 정신없이 일만 했더니 건설회사도 만들게 됐고, 그렇게 평생을 살다보니까 오늘에 이르렀다."

새벽이 되면 그날 할 일이 즐거워서 기대와 흥분으로 설레며 일어났다니 그 얼마나 열정적인 삶이란 말인가! 그는 그저 죽자고 일했을 뿐인데 대기업 회장까지 되었다고 말한다. 다소 비현실적으로 느껴질 수 있지만, 일에 대한 열정과 사랑이 있었기에 성공을 거둔 것이라 이해해야 한다.

당연한 이야기지만 정주영처럼 자신의 일을 즐기는 사람이 그렇지 못한 사람보다 성공할 가능성이 높다. 따라서 우리는 가슴 설레는 일을 찾아야 하고, 또 자신이 하고 있는 일을 좋아해야 한다.

인생에서 성공을 원한다면 나를 잠에서 깨어나게 만드는 꿈을 가져라. 그리고 매일 아침 설레는 마음으로 일어나라. 성공의 비결은 좋아하는 일을 하는 것, 자신이 하는 일을 좋아하는 것이다.

김택진

가능한 일이 아니라
옳은 일을 하라

"사람들은 자신에게 성공을, 사랑을, 행복을 가져다 줄 설계도를 찾아 헤매지만 세상의 비밀은 레시피로 적혀 있다. 그래서 직접 해보고 깨닫기 전에는 알 수가 없고, 세상은 온갖 다양함으로 존재하며 변해가는 거다. '생각병'에 들면 아름다운 현실을 못 보게 된다."

온라인 게임 신화의 주인공, 김택진 회장의 말이다. 그가 설립한 엔씨소프트는 벤처 기업 최고의 황제주로 평가받고 있다. 2010년 국내외 총매출 6,497억 원, 영업이익 2,429억 원이라는 사상 최대 실적을 기록하였고, 한국과 해외법인에 3,300여 명의 직원이 일하고 있다. 엔씨소프트의 지분 26.74%를 보유한 김택진은 경제전문지 〈포브스〉가 선정한 '2011년 세계 억만장자' 명단에 이름을 올렸다. 그의 재산은 주식 평가액으로만 1조 6,000억 대에 달한다. 김택진은 세계경제포럼 선정 '아시아 차세대 리더 18인', 〈비즈니스 위크〉 선정 '세계 e비즈 영향력 있는 25인'에 선정되었고, 제3회 언스트앤영 엔터테인먼트 부문 최우수 기업가상을 수상하였다. 이처럼 빛나는 성공을 요리한 김택진의 성공 레시피에는 어떤 내용이 적혀 있을까?

김택진은 1967년 3월 14일, 서울에서 태어났다. 대일고등학교를 거쳐 서울대학교 전자공학과에 입학한 그는 서울대 컴퓨터 연구 동아리에 가입해 활동을 시작한다. 당시 같은 학교 기계공학과에 다니던 이찬진(현재 드림위즈 사장)을 만나 워드 프로세서 개발에 합류한다. 이렇게 탄생된 '아래아 한글'은 MS 워드가 독차지하던 워드 프로세서 시장에 엄청난 돌풍을 불러일으키며 선풍적인 인기를 끌었다.

1989년, 김택진은 한메소프트를 창업하고 창의적인 컴퓨터 프로그램들을 개발한다. 키보드 자판을 쉽게 익히도록 연습할 수 있는 하는 '한메타자교사', 각종 응용프로그램에서 자유롭게 한글을 사용할 수 있도록 도와주는 '한메한글' 등을 연이어 개발하였다. 컴퓨터 업계에 김택진의 이름이 퍼져 나가기 시작했다.

1990년, 현대전자에 입사한 김택진은 미국 보스턴 연구센터로 해외연수를 다녀온 후 아미넷(지금의 신비로)을 개발한다. 한국 최초의 인터넷 기반 포털 서비스였다. 그런데 김택진이 미처 예상하지 못했던 일이 발생한다. 아미넷의 사업성과 운영 방향을 놓고 현대그룹 내부에 심각한 대립이 일어난 것이다. 1년이 넘도록 사업은 아무런 결론을 맺지 못한 채 표류하였다.

결국 김택진은 회사를 떠나 엔씨소프트를 설립하고 게임 산업에 뛰어든다. 이때가 1997년, 초기 자본금은 1억 원에 불과했다. 이듬해 9월, 엔씨소프트에서 내놓은 '리니지'는 미국 블리자드가 만든 '스타크래프트'와 함께 게임 업계의 양대 산맥으로 떠오르며 성공 신화의 출발을 알렸다. PC통신을 기반으로 했던 다른 게임들과는 달리 리니지는 인터넷 기반 온라인게임이라는 점에서 주목을 받으며 폭발적인 인기를 끌었다. 유료 서비스를 시작한 지 1년 3개월 만에 회원 수 100만 명을 돌파했고, 2년 뒤에는 700만 명을 넘어섰다. 현재 리니지의 누적 회원 수는 1,000만 명을 넘는 것으로 알려져 있다. 리니지는 총 1조 5,000억 원 규모의 매출을 올리며 김택진에게 큰 성공을 안겨 주었다. 엔씨소프트는 '리니지2', '길드워', '시티오브히어로', '아이온' 등의 히트작을 연속으로 내놓으며 세계적인 게임업체로 발돋움했다.

김택진의 성공 레시피에서 가장 중요한 비중을 차지하는 재료를 손꼽으라면 도전정신일 것이다. 그는 사람들의 반대와 비판에 연연하지 않았다. 모두 어렵다고 말하는 분야에 도전했으며, 모두 불가능하다고 말하는 사업을 성공시켰다. '아래아 한글', '한메타자교사', '한메한글', '아미넷', '리니지' 등에 붙는 공통적인 수식어가 모두 '최초'라는 점이 그 사실을 분명하게 증명하고 있다.

　김택진의 도전은 최근에도 계속되고 있다. 2011년, 그는 게임업계 최초로 국내 프로야구 제9단을 창단하였다. 프로야구 창단에는 최소 350억 원 이상의 자금이 필요하고, 연간 운영비만 150억 원 이상이 소요되는 가시밭길로 알려져 있다. 이 때문에 엔씨소프트의 야구단 운영이 무모한 시도라는 목소리가 많은 것도 사실이다. 과연 어떤 결과가 초래될지는 아무도 모른다.

　하지만 김택진으로서는 모두가 'NO'라고 말하는 분야에서 또 하나의 성공신화를 쓸 기회다. 지금까지의 삶이 말해주듯이 그는 현실에 안주하며 남을 쫓아다니기보다는 모험과 위험을 무릅쓰며 다른 사람보다 앞서 달려가는 인물이다. 언론과의 인터뷰 중에 엔씨소프트를 창업한 동기에 대해 질문받자 그는 이렇게 말했다.

"당시 모든 사람이 인터넷을 정보망으로만 보고 엔터테인먼트로 보는 사람은 하나도 없었어요. 나는 인터넷을 통해 사람들이 서로 연결되면서 재밌는 일이 생길 거라고 기대했고, 더 재밌는 미래에 의미 있는 일을 해보자고 다짐했죠. 또 한글을 만들면서 이루지 못한 꿈인 해외에서도 알아주는 소프트웨어 개발을 해보자는 바람도 한 이유였고요."

　모든 사람이 인터넷을 정보의 바다로만 생각했을 때, 김택진은 게임이라는 새로운 사업 영역을 떠올렸고 그것을 실제 사업으로 실행에 옮겼다. 모두 불가능하다고 생각했던 '해외에서도 알아주는 소프트웨어'를 실제로 만들었다.

엔씨소프트의 기업 이념은 '옳은 일을 하자 Do the right thing'라고 한다. 김택진의 좌우명은 '떳떳하게 살아야 한다'로 알려져 있다. 성공을 원한다면 가능한 일이 아니라, 옳은 일에 도전해야 한다. 그것이 성공의 지름길이며 인생을 떳떳하게 사는 길이다. 김택진의 성공 레시피를 따라 해 보자. 능력과 환경을 핑계대지 말고, 반대와 제약을 극복하며, 꿈을 향해 한 걸음 한 걸음을 옮겨 보라.

"내 꿈이 아무리 커도 내가 할 수 있는 것은 작은 한 걸음 한 걸음이다. 뛰고 싶어도 날고 싶어도 그럴 수 없는 난 걸어가야 한다. 다행스러운 건 마법은 작은 걸음 속에 숨어있다는 것이다."

이제석

학벌은 소수점 뒷자리에 불과하다

얼마 전, 신문을 읽다보니 흥미로운 기사가 실려 있었다. 기발한 광고로 국제 광고상을 휩쓸고 있는 이제석이 현대자동차에서 새로 출시한 자동차, 벨로스터의 이미지와 가장 잘 어울리는 인물로 선정되어 1호차를 전달받았다는 내용이었다. 고개가 절로 끄덕거려졌다.

어쩌면 이제석의 이름을 처음 듣는 분도 있을 것이다. 하지만 그가 만든 광고 한두 편쯤은 틀림없이 보았을 것이라 생각한다. 적을 향한 병사의 총구가 자신의 뒤통수를 겨냥하고 있는 반전 광고, 공장 굴뚝을 권총의 총구로 묘사하고 대기오염의 문제점을 고발한 환경 광고, 에스컬레이터가 없는 지하철 계단에 에베레스트 사진을 그려 넣고 '누군가에게 이 계단은 에베레스트 산입니다'

라는 문구를 적은 광고 등이 모두 그의 작품이다.

　이제석은 광고계의 기린아로 불리며 국제 광고제에서 40여 개의 상을 수상한 광고 천재다. 현재 서울과 뉴욕에 이제석 광고연구소를 설립해 운영 중이고, 대한적십자사 홍보대사, 빅앤트 인터내셔널 수석 아트디렉터, 환경재단 기획위원 등의 직책을 맡아 왕성한 활동을 전개하고 있다. 2009년에는 '세상을 밝게 만든 사람들' 올해의 인물 부문상을 수상했다. 2011년에는 국제뇌교육협회 IBREA 주최로 뉴욕에서 열린 컨퍼런스에서 소셜 캠페인을 주제로 발표하였다.

　그러나 그의 광고인으로서의 출발은 그다지 화려하지 않았다. 아니, 오히려 콤플렉스와 좌절의 연속이었다. 의대에 진학한 형의 그늘에 가려 초등학교 때부터 공부는 뒷전으로 포기한 채 만화에 매달려 살았다. 중학교 때는 수업 태도가 불량해 여러 과목의 선생님들과 문제를 일으켰다. 고등학교 졸업이 가까워질 무렵, 그림만 잘 그리면 대학에 갈 수 있다는 말을 듣고 24시간 붓과 도화지를 들고 씨름했다. 모의고사 점수가 간신히 300점을 넘겨 대구 계명대학교 시각디자인과에 입학할 수 있었다. 다행히 대학에서는 공부에 전념하였고 4.5 만점에 평점 4.47라는 우수한 성적으로 수석졸업을 하였다.

　그러나 지방 대학 출신에 공모전 수상경력도 없는 그에게 취업문을 열어주는 기업은 어디에도 없었다. 금강기획, 제일기획 등 수십여 개의 광고회사에 입사하기 위해 문을 두드려 보았지만 모두 문전박대를 당하고 말았다. 어쩔 수 없이 미술학원 강사와 동네 뒷골목 간판 가게를 전전하던 어느 날, 이제석은 미국으로 건너가 광고를 제대로 배워 세계 최고가 되리라는 결심을 하게 된다. 그리고 2006년 8월, 수중에 단 돈 500달러를 지닌 채 그는 뉴욕행 비행기에 몸을 실었다. 당시의 상황에 대해 이제석은 이렇게 말하고 있다.

"편도 티켓만 끊었어요. 성공하기 전까지는 절대로 돌아오지 않겠다고 마음을 먹었죠."

뉴욕에 도착한 이제석은 '뉴욕 스쿨 오브 비주얼 아트SVA'에 편입했다. 언어 장벽, 금전 문제 등 여러 가지 어려움이 뒤따랐지만 그는 밤낮을 잊은 채 디자인 공부에만 몰두했다. 그리고 세계적인 광고 공모전에서 잇따라 입상하면서 화려한 성공신화를 써나가기 시작했다. 그는 세계 3대 광고제의 하나로 꼽히는 뉴욕 원쇼 페스티벌 최우수상, 광고계의 오스카상으로 불리는 클리오 어워드 동상, 미국광고협회의 애디 어워드 금상을 비롯해 29개의 상을 휩쓸었다.

이후 그는 FCB, JWT, BBDO와 같은 미국 최대의 광고회사에서 아트 디렉터러터를 지내며 킴벌리 클락, 크리넥스, 질레트, 피자

헛 등의 해외 광고를 담당하였다. 아프리카 어린이를 위한 자선캠페인, 반전과 평화캠페인, 환경문제 등의 이슈를 다루는 이제석의 공익광고는 해외 매체와 인터넷을 통해 소개되며 전 세계인의 주목을 받았다.

이제석의 스토리를 살펴보면 정말 신기한 일이 아닐 수 없다. 국내에 있을 때는 단 한차례의 공모전에서도 수상을 하지 못했다. 그런데 어떻게 미국으로 건너간 지 6개월 만에 성공의 열매를 거둘 수 있었을까? 쉽게 생각해 볼 수 있는 것은 학벌 문제일 것이다. 학력보다는 개인의 능력을 중요시여기는 미국 문화가 성공의 이유라고 짐작해 볼 수 있다. 그러나 그것은 부수적인 이유에 불과할 것이다.

이제석이 성공할 수 있었던 가장 이유는 그가 지닌 독창성, 창의적 사고방식이라 이해해야 한다. 만약 그가 남들과 똑같은 수준의 광고밖에 만들지 못했다면, 미국에서도 결코 성공의 문턱에 도달하지 못했을 것이다. 그는 남과 다른 자신만의 아이디어, 디자인, 카피를 통해 성공한 것이다. 이제석은 언론과의 인터뷰에서 이렇게 말했다.

"학벌은 소수점 뒷자리다. 마이너한 부분이다. 학벌이 그 사람을 평가할 때 소수점 앞자리가 되어서는 안 된다. 사람들은 사회적 기준과 다른 자신의 생각에 스스로 가치를 부여하지 못한다. 나는 다른

사람들이 하지 않거나 다르게 생각하는 것에 대해 내가 틀렸다고 생각해본 적이 없다."

이제석은 남과 다른 것을 당연하게 생각하며, 남들과 다르게 살려는 모험심을 실천에 옮겼을 뿐이다. 그렇기에 누구도 생각하지 못했던 새로운 광고를 만들 수 있었다. 2010년, 이제석은 미래기획위원회 최연소 위원으로 임명되었다. 한때는 지방대 출신의 별 볼일 없던 '루저'에 불과했던 그가 이제는 국가의 미래를 기획하는 자리에 오른 것이다. 만약 학벌에 자신이 없다면 이제석의 말을 기억하라. 학벌은 소수점 뒷자리에 불과할 뿐이다.

4장

거듭되는 실패에도 굴하지 않고 승리하다

Affront&Heal

야나이 다다시
柳井正

1승 9패의
신념으로 도전하라

일본 최고의 부자는 누구일까? 닌텐도의 야마우치 히로시? 소프트 뱅크의 손정의? 모두 아니다. 미 경제지 〈포브스〉가 발표한 '2010년 일본의 부호 40명' 명단에 의하면 일본에서 가장 큰 부자는 패스트리테일링Fast Retailing의 야나이 다다시 회장이다. 2009년에 이어 연속 1위를 차지한 그의 재산은 92억 달러(약 10조 3,000억 원)에 이르며 세계 89번째 부자로 조사되었다. 그가 설립한 유니클로는 세계적인 경제 불황속에서도 최근 5년간 매출 90% 상승, 매장 수 3배 확장, 평균 영업이익률 15% 달성이라는 놀라운 기록을 작성하고 있다.

25년이라는 짧은 기간 안에 '유니클로'를 세계적인 브랜드로 성장시킨 야나이 다다시는 과연 어떤 사람이며, 어떤 방법으로 성공을 이룬 것일까? '옷을 바꾸고, 상식을 바꾸고, 세상을 바꾼다'는 그의 사업 철학과 성공 여정을 알아보자.

야나이 다다시(柳井正)는 1949년 일본 야마구치 현 우베시에서 태어났다. 대학 시절의 그는 히피 문화를 추종하던 평범한 젊은이였다. 도서관보다 재즈다방을 더 자주 들락거렸던 그는 자서전 《1승 9패》에서 이렇게 말하고 있다.

"대학에 다닐 무렵 히피가 유행하면서 일하는 것을 매우 싫어했죠. 학교 수업도 듣지 않고 거의 날마다 록 음악과 마작에 빠져 방황했습니다. 어떻게 하면 평생 일하지 않고 살 수 있을까라는 질문이 최대 고민거리였죠."

하루하루를 무의미하게 빈둥거리며 살던 그에게 결정적인 변화가 찾아왔다. 어느 날, 학교를 찾아 온 아버지는 당시로서는 거금이었던 200만 엔을 야나이의 손에 쥐어주며 말한다.

"쓸데없이 시간 낭비하지 말고 차라리 세계 여행을 다녀와라."

야나이는 배낭을 메고 떠났다. 그리고 3개월 동안 미국과 유럽, 인도, 이집트, 터키 등을 여행하고 돌아온다. 그는 이때의 경험이 중요한 사업 밑천이 되었다고 말하고 있다.

1971년 와세다대 정치경제학부를 졸업한 야나이는 대형유통업체인 자스코에 입사한다. 그러나 자신이 맡은 일에 흥미를 느끼지 못한 채 10개월 만에 퇴사하고 만다. 시골로 돌아온 그는 아버지가 운영하는 오고오리상사小郡商事에 입사한다. 당시만 해도 직원 수 6명에 불과한 작은 규모의 양복점이었다.

아버지로부터 "뭐든지 1등이 되라"는 말과 함께 양복점을 물려받았지만 현실은 녹녹치 않았다. 얼마 지나지 않아 그는 소매업의 한계를 느꼈고, 새로운 활로를 찾기 위해 고민한다. 그러던 어느 날 문득 미국 여행 중에 보았던 대형할인판매점의 모습이 떠올랐다. 그는 자신에게 질문해 보았다.

"옷도 라면이나 생활용품처럼 편의점 같은 공간에서 싸고 간편하게 팔면 좋지 않을까?"

야나이는 '옷은 패션이 아니라 생필품일 뿐이다'는 결론을 내렸다.

1984년, 아버지의 뒤를 이어 사장에 취임한 야나이는 캐주얼웨어 전문 매장 '유니클로' 1호점을 히로시마에 오픈한다. '유니클로UNIQLO'는 '유니크한 의류'라는 뜻으로 '저렴한 캐주얼웨어를 셀프 서비스로 파는 가게'가 핵심적인 콘셉트였다.

그는 유니클로 1호점을 개점하며 혁신적인 방법으로 매장을 운영해 나갔다. 등교하는 학생들이 옷을 살 수 있도록 새벽 6시부터 영업을 시작했고, 편하게 옷을 고를 수 있도록 직원들이 손님을 따라다니며 옷을 권하는 것을 금지시켰다. 10대부터 60대까지 입을 수 있는 면바지, 셔츠, 양말, 속옷 등을 색상과 사이즈별로 진열해 놓았다. 저렴한 가격과 우수한 품질, 편안한 쇼핑 시스템에 만족한 사람들은 유니클로에서 세트 단위로 옷을 구입하기 시작했다. 낮은 가격과 신선한 아이디어로 개장 첫 날 수천 명의 손님이 몰려들며 순조로운 출발이 시작되었다.

그리고 유니클로는 폭발적인 성장을 거듭하며 패스트패션 브랜드의 대명사로 자리 잡았다. 이처럼 유니클로의 성공은 야나이의 아이디어와 도전정신에서 비롯된 것이다.

하지만 1990년대 중후반까지도 유니클로는 지방의 무명 브랜드에 불과했다. 전국적인 브랜드로 알려지기까지는 14년이란 시간이 흘러야 했다. 1988년, 도쿄東京의 중심가인 하라주쿠原宿에 유니클로가 진출하자 당시의 언론과 패션잡지에서는 '시골 출신의 싸구려가게' '촌스러움의 극치'라는 표현으로 의미를 평가절하했다. 그러나 시장은 다른 반응을 나타냈다. 장기불황의 여파가 계속되며 고가 브랜드만 고집하던 젊은 층이 유니클로 제품에 관심을 보인 것이다. 유니클로 매장은 물건을 구매하려는 손님들로 넘쳐났고 연일 매출 기록을 갱신하기 시작했다.

2004년에 내놓은 플리스 재킷은 총 3,650만 장이 팔렸으며,

2008년에 출시된 방한내의 '히트텍'은 지금까지 6,500만 벌이 판매되었다. 2010년 현재, 유니클로는 도쿄東京 인근 지역 155개점을 비롯해 전국 750여 개의 점포를 거느린 대형 의류체인점으로 탈바꿈하였다. 2010년, 유니클로의 지주회사인 패스트리테일링은 전 세계 2200여 개 매장에서 8,148억 엔(약 11조 800억 원)의 매출을 달성하였다. 유니클로는 2020년 매출 5조엔, 패션 세계1위를 목표로 움직이고 있다.

하지만 야나이가 항상 화려한 성공만을 거둔 것은 아니었다. 오히려 그는 회사를 경영하며 영국 매장 철수, 식품사업 철수, 뉴욕 교외점 폐쇄 등 많은 실패를 겪었다. 2003년에는 '스킵'이란 브랜드로 야채 판매 시장에 뛰어들었지만, 판매 부진으로 1년 반 만에 사업을 접어야 했다.

유니클로에서 출시한 의류 중에서도 실패한 브랜드가 많았다. 하지만 야나이는 실패를 통해 교훈을 배우며 한 걸음 한 걸음 성공을 향해 나아갔다. 그는 《1승 9패》에는 다음과 같은 말하고 있다.

"사업이나 인생이나 항상 승승장구할 수는 없다. 오히려 실패가 더 많으며 새로운 사업은 특히 성공하기 어렵다. 중요한 것은 도전하는 것이다. 실패하더라도 거기서 교훈을 얻으면 된다. 그것이 쌓여 성공으로 가는 것이다. 9번 실패해도 마지막에 성공하면 인생 역전은 가능하다. 빨리 실패하고, 빨리 깨닫고, 빨리 수습했던 것이 내 성공 비결이다."

시골의 작은 양복점을 물려받아 일본 최대의 의류 회사로 키운 야나이는 실패가 성공 비결이라고 주장한다. 나 역시 그의 생각에 동의한다. 인생과 사업에서는 실패라는 관문을 통과해야 성공이라는 목적지에 도달할 수 있다. 물론 모든 사람에게 해당되는 말이 아닐지도 모른다.

하지만 인류 역사를 통해 성공자의 대부분이 한때는 실패자의 삶을 살았다는 사실을 우리는 잘 알고 있다. 따라서 우리는 실패 자체가 아니라 실패하지 않고 살아가는 것을 두려워해야 한다. 미국 영화감독이자 배우인 우디 앨런의 말처럼 "한 번도 실패하지 않는다는 건 새로운 일을 전혀 시도하고 있지 않다는 신호"이기 때문이다. 성공을 얻고 싶다면 야나이의 말처럼 자기 부정과 실패를 거듭해 보자. 그것이 생존과 성장의 비결이다.

"혁신을 위해서는 자신이 먼저 변해야 한다. 즉 자기 부정을 하지 않으면 안 된다. 나는 유니클로를 창업한 뒤 25년 동안 끊임없이 자기 부정을 계속해왔다. 그렇지 않으면 살아남을 수 없었기 때문이다."

월트 디즈니
Walt Disney

꿈꿀 수 있다면
이룰 수 있다

"가난한 집에서 태어났다. 아홉 살 때까지 글을 읽지 못하는 학습 장애를 가지고 있었다. 다행히 그림에 취미를 붙였지만 만화 회사를 설립할 때마다 실패로 끝나고 말았다. 취직을 위해 찾아간 광고회사 에서는 '그림에 소질이 없다'는 이유로 한 달 만에 쫓겨나고 말았다."

이 사람은 누구일까? 바로 미키 마우스, 백설 공주, 디즈니랜드, 그리고 "꿈꿀 수 있다면 이룰 수도 있다"는 명언으로 유명한 월트 디즈니Walt Disney, 1901~1966에 관한 이야기다. 디즈니의 본명은 월터 엘리아스 디즈니Walter Elias Disney이며 미국의 애니메이션 영화감독이자 제작자이며 사업가다.

디즈니는 1901년 시카고에서 가난한 목수의 4남으로 태어났다. 고등학교 때부터 상업 미술에 관심을 나타내 광고 만화 등을 그리기 시작했다. 1922년 친구 어브 아이웍스Ub lwerks와 함께 회사를 설립하여 단편 만화영화를 제작하였으나 관객의 호응을 얻지 못해 스튜디오를 폐쇄하였다. 1923년, 형 로이 디즈니와 함께 '디즈니 브러더스 스튜디오'를 설립하였다. 이후 할리우드로 진출하여 '행운의 토끼 오스월드'와 '엘리스 시리즈'를 연달아 히트시켰지만 배급상들의 농간으로 캐릭터를 빼앗기는 역경을 겪어야 했다.

1925년에는 회사의 채색부서에서 직원으로 일하던 릴리안 바운즈Lillian Bounds와 결혼식을 올렸다. 1932년에 미키마우스를 주인공으로 하는 총천연색 만화영화를 처음으로 만들었고, 1937년부터 미키마우스 캐릭터를 내세워 3편의 장편만화영화와 120편의 만화영화를 제작했다. 디즈니의 대표적인 캐릭터 미키마우스는 1928년 '증기선 윌리호Steamboat Willie'라는 작품을 통해 처음으로 소개되었다. 디즈니의 사무실에 자주 출몰하던 쥐에서 힌트를 얻었는데, 처음에는 모티머Mot-timer라는 이름이었으나 아내 릴리언의 아이디어로 미키로 바꾸었다고 전해진다.

〈미키마우스〉 시리즈를 내놓으며 세상의 주목을 받기 시작한 디즈니는 1937년 세계 최초의 장편만화영화 〈백설 공주〉를 제작하여 엄청난 화제를 모았다. 〈백설 공주〉는 개봉 직후 모든 흥행 기록을 갈아치우며 대성공을 거두었다. 이후 〈피노키오〉, 〈신데

렐라 공주〉, 〈정글북〉, 〈보물섬〉 등의 장편만화와 〈사막은 살아있다〉 등의 다큐멘터리 영화를 만들면서 점차 텔레비전 프로그램에도 진출하였다. 1964년에 발표된 〈메리 포핀스〉는 디즈니 생애 최고의 성공작으로 기록되었다. 하지만 2년 뒤인 1966년 폐암 말기 진단을 받은 지 불과 한 달 만에 사망하고 말았다.

디즈니는 어린 시절부터 그림에 관심이 많았다. 한 번은 집의 벽에 그림을 그리다가 콜타르를 뒤집어 쓴 적도 있었다. 미술학교에 다니고 싶어 했지만 가난한 집안 형편과 아버지의 반대로 뜻을 이루지 못하였다. 10살 무렵부터는 신문판매점을 차린 아버지를 도와 형 로이와 함께 신문팔이를 시작하였다. 신문에 나온 만화를 빠짐없이 보며 그림 공부에 더욱 열정을 나타냈고, 마침내 아버지의 허락을 받아 미술학원에 다니기 시작했다.

사실 10대 시절의 디즈니는 배우의 길에 더 큰 관심을 나타냈다고 한다. 극장 콘테스트에 도전할 정도로 연기를 좋아했고, 연기력도 뛰어났는데 당시 최고 인기배우 채플린의 연기를 모방하곤 하였다. 디즈니는 찰리 채플린을 너무 좋아해서 열세 살이 되었을 무렵 그를 만나러 직접 스튜디오로 찾아가기도 했다.

세계 1차 대전이 발발한 후, 16살이던 디즈니는 해군에 지원했지만 나이가 어려 입대할 수 없었다. 그러던 중 적십자사에 구급부대가 새로 생겼다는 말을 듣고 달려갔지만 그곳에서도 1900년생까지만 입대를 허락하고 있었다. 디즈니는 지원서의 생년월일을 '1901년'에서 '1900'년으로 고친 후 마침내 군대에 입대하였다. 디즈니는 부대에서도 틈틈이 그림을 그렸는데 나중에는 패전한 독일군들의 철모에 그림을 그린 후 기념품으로 팔아 돈을 벌었다.

군에서 제대한 뒤 고향인 캔자스시티로 돌아온 디즈니는 〈캔자스시티 스타〉 신문사에 풍자만화가로 취직하려 했으나 거절당했고, 형 루이의 소개로 '페스맨-루빈'이라는 광고대행사에 취직을 했지만 한 달 만에 '그림에 재능이 없다'는 이유로 해고되었다. 디즈니는 생애 여섯 번에 걸쳐 파산을 겪기도 하였다. 그야말로 고난의 연속이었던 것이다.

디즈니랜드를 만들게 된 계기와 관련해서는 다음과 같은 이야기가 전해진다. 디즈니가 35세가 되었을 때, 두 딸과 함께 놀이공원에 놀러가게 되었다. 더러운 벤치, 곰팡이가 핀 팝콘, 고무줄보다 질긴 핫도그, 물을 탄 음료수, 지루하기 짝이 없는 놀이기구에 충격을 받은 그는 세상에서 가장 아름답고 깨끗하며 가장 신나는 놀이동산을 만들겠다고 결심하였다. 그리고 15년이라는 시간을 투자하여 마침내 꿈의 동산 '디즈니랜드'를 개장하게 되었다.

죽기 얼마 전 아내 릴리언으로부터 일선에서 물러나 쉴 것을 권유받은 디즈니는 "만일 내가 새로운 세계를 정복하지 못한다면 그날로 나는 죽어버릴 것이오"라고 말하며 거절하였다. 실제로 그는 플로리다 올랜도 근처에 3,400만 평의 땅을 매입했고 그곳에 세워질 새로운 도시에 대한 계획을 '미래의 실험적 공동체 EPCOT, Experimental Prototype Community of Tomorrow'라고 부르며 꿈에 부풀어 있었다. 디즈니가 갑작스럽게 죽지 않았다면 인류는 또 하나의 멋진 문화유산을 물려받았을지도 모르는 일이다. 월트 디즈니는 성공과 관련하여 다음과 같이 말했다.

"꿈을 추구하는 용기가 있다면 우리는 모든 꿈을 이룰 수 있다. 이 모든 것이 작은 생쥐 하나로 시작됐다는 것을 기억하라."

"나는 불가능이라는 것을 몰랐다. 나는 뛰어가서 기회를 잡았다."

"성공하려면 남과 다른 나만의 개성을 가져야 한다. 남과 달라야 한다. 내가 지닌 것이 사람들이 원하는 것이라면 사람들은 그것을 얻기 위해 나에게 오게 되어 있다."

디즈니가 화려한 성공을 거둘 수 있었던 데는 꿈은 반드시 이루어진다는 믿음, 뛰어가서 기회를 붙잡는 용기, 그리고 자신만의 개성을 추구한 점이 핵심 비결일 것이다.

디즈니는 모두 불가능하다고 말하던 디즈니랜드를 현실로 만들었다. 그리곤 이렇게 말했다.

"불가능한 것을 해보는 것은 재미있는 일이다."

미국 스탠포드 대학에서 심리학을 전공한 린제 홀Lindsey Hall은 '인생에서 무엇보다 바람직스럽지 못한 것은 자신이 결정을 내리지 못하고 용기가 없어 시도조차 못한 인생을 살아가면서 모든 것이 뜻대로 안 되는 자신을 스스로 잘못된 인간이라 생각하게 되는 것이다'라고 말했다. 성공을 원하면 불가능에 달려가서 기회를 잡아라. 그것이 성공 비결이다.

폴 마이어
Paul J. Meyer

반드시 성공적인 인생을 살리라!

1950년, 월세를 못내 마침내 살던 집에서 쫓겨났다. 거리에서 노숙자 생활을 시작한 지 일주일 되던 날, 고급승용차 한 대가 눈앞으로 지나갔다. 그는 자리에서 벌떡 일어나 옆에 놓여 있던 깡통을 발로 밟아 찌그러뜨리며 큰 목소리로 외쳤다.

"사람으로 태어나서 누구는 고급 승용차를 타고 다니는데 누구는 깡통을 차고 다닌단 말인가? 반드시 성공적인 인생을 살리라!"

전설적인 미국 보험 세일즈 왕 폴 마이어 Paul J. Meyer 1926~가 겪었던 실제 일화다. 나도 마찬가지지만 이 글을 읽고 있는 여러분도 틀림없이 비슷한 생각을 했던 적이 있을 것이다. 어쩌면 지금이 순간에도 절박하게 또는 가슴속에서 치솟아 오르는 뜨거운 분노를 느끼며 똑같은 말을 내뱉는 사람도 있을 것이다. 똑같은 사람으로 태어났는데 누구는 부귀영화를 누리고, 누구는 가난 속에서 허덕이며 살아가는 것일까? 어떻게 하면 성공적인 인생을 살 수 있을까? 폴 마이어 역시 똑같은 심정이었다.

폴 마이어는 미국 프랜차이즈 기업 중 경영훈련 분야 1위를 차지했고, 일본 아사이 뉴스 〈이브닝〉지에서 세계 10대 초우량 기업으로 선정된 성공동기연구소 SMI$^{Success\ Motivation\ International\ Inc}$의 설립자다.

폴 마이어는 1926년 캘리포니아의 선 마라오에서 태어났다. 12세 때 〈리버티 매거진〉의 정기구독자 모집 캘리포니아 주 콘테스트에서 1위를 차지했다. 14세 때는 부친의 차고에서 자전거 수리업을 시작하여 300대의 자전거를 팔았다. 16세 때, 자두 따기 대회에서 세계 신기록을 세웠고, 낙하산부대 체육교관 시절이던 18세 때에는 팔 굽혀 펴기 3,500번을 하여 세계 신기록을 세운 흥미로운 이력을 지니고 있다. 군복무를 마친 후 대학에 들어갔지만 집안 형편으로 3개월 만에 중퇴한 후 보험회사의 문을 두드렸다.

그러나 취업 면접에서 수없이 떨어졌고, 간신히 합격한 회사에서도 말을 더듬는다는 이유로 입사한 지 3주일 만에 쫓겨났다. 하지만 그는 좌절하지 않았고 마침내 다른 보험회사의 영업사원으로 취직하는 데 성공한다. 그리고 회사에 들어간 지 2년 만에 400만 달러의 계약고를 기록했으며, 하루에 최고 150만 달러의 계약을 체결하는 전무후무한 대기록을 달성한다. 폴 마이어는 27세의 나이에 최연소 백만장자로 기네스북에 이름을 올렸다.

과연 폴 마이어의 성공 비결은 무엇일까? 그는 보험회사에 취업하기까지 무려 57번이나 면접에서 떨어졌다. 58번째 입사한 회사에서도 세일즈맨 적성검사 결과 부적격으로 판단되어 해고되고 말았다. 인사담당자는 그에게 "자네처럼 고객의 마음을 모르는 사람은 보험사원으로 성공할 수 없네"라고 말했다. 폴 마이어는 이렇게 대답했다.

"당신은 지금 세계 제일의 세일즈맨을 잃어버리고 있어요. 나는 반드시 세일즈맨으로 성공해서 돌아올 테니까요."

폴 마이어는 포기하지 않고 다른 보험회사를 찾아다녔다. 그리곤 세계 최고의 세일즈맨으로 성공했다. 성공 비결을 묻는 사람들의 질문에 그는 이렇게 말했다.

"인생에서 실패한 사람의 90%는 진짜로 패배한 것이 아니다. 그들은 다만 그만두었을 뿐이다."

맞는 말이다. 대부분의 사람들은 자의로 포기한다. 타의에 의해 포기하는 경우란 거의 없다. 폴 마이어가 성공한 또 다른 비결은 독창적인 영업방법과 고객관리 능력이었다. 보험세일즈를 시작한 후, 그는 새로운 영업방식을 생각해냈다. 거리에 앉아 있다가 고급 승용차가 지나가면 재빨리 차량 번호를 적고 그 주소를 알아내 직접 방문하는 것이었다. 예상했던 것처럼 차량의 소유자들은 모두 부자거나 사장들이었으며 폴 마이어는 그들을 자신의 고객으로 만들 수 있었다.

그러던 어느 날, 유독 한 명의 사장이 바쁘다는 핑계를 대며 폴 마이어를 만나주지 않았다. 몇 번에 걸친 시도가 실패로 돌아가자 폴 마이어는 편지를 한 통 써서 상자 속에 넣은 후 예쁘게 포장하여 비서에게 전달을 부탁하였다. 호기심이 생긴 사장이 상자 속을 열어보니 편지에 다음과 같은 글이 적혀 있었다.

'사장님 저는 날마다 하나님도 만나는데 어째서 사장님은 한 번도 만날 수 없나요? 사장님이 하나님보다 높다는 말씀인가요?'

이 편지를 읽고 크게 감명을 받은 사장은 폴 마이어를 직접 만나 큰 금액의 계약을 체결해 주었고, 자신이 알고 있는 모든 사람을 폴 마이어에게 소개시켜 주었다.

이 일을 계기로 폴 마이어는 보험 세일즈에 있어 성공가도를 달릴 수 있었다. 만약 폴 마이어가 그 사장을 만나는 것을 포기했다면 성공이 훨씬 늦게 찾아왔거나 또는 전혀 성공하지 못했을지도 모르는 일이다. 실제로도 폴 마이어는 입사 후 9개월이 지날 때까지 월 평균 87달러라는 형편없는 판매 실적밖에 올리지 못했던 것으로 알려져 있다.

   미국 영화배우 메리 픽포드Gladys Marie Smith는 "실패란 넘어지는 것이 아니라 넘어진 자리에 머무는 것이다"라고 말했다. 혹시라도 지금 넘어져 있다면 다시 일어서라. 그리고 앞을 향해 전진하라. 만약 자리에서 일어서는 것이 힘들게 느껴진다면 폴 마이어처럼 힘껏 소리쳐 보라.

"사람으로 태어나서 누구는 고급 승용차를 타고 다니는데 누구는 깡통을 차고 다닌단 말인가? 반드시 성공적인 인생을 살리라!"

커넬 샌더스
Colonel Sanders

나이는 숫자에 불과하다

빌 게이츠가 고등학교 졸업식 축사에서 말한 것으로 잘못 알려져 있는 10가지 조언은 1996년 9월 19일, 미국 교육자 찰즈 시키즈Charles J. Sykes가 '학교에서는 배울 수 없는 것들Some rules kids won't learn in school'이라는 제목으로 신문에 기고한 글이다. 여기에 나오는 첫 번째 조언은 다음과 같다.

"인생이란 공평하지 않다. 그 사실을 받아들여라 Life is not fair, get used to it."

찰즈 시키즈의 말처럼 인생은 공평하지 않다. 명문가의 자손으로 태어나 별다른 실패를 겪지 않고 세계 제1의 부자가 된 빌 게

이츠의 사례를 보더라도 인생은 정말 공평해 보이지 않는다. 우리 주변을 둘러보면 어떤 사람의 인생은 행운과 축복으로 가득 차 있다. 반면 어떤 사람의 인생은 불운과 좌절로 점철되기도 한다. 그러나 그렇게 불공평한 것이 바로 인생이라는 점을 우리는 인정해야 한다. 내가 좋아하는 명언 중에 이런 말이 있다.

> "사람들은 슬픈 일이 닥칠 때마다 '오! 하필이면 이런 일이 나에게 일어나는 것일까?'라고 질문하지만, 기쁜 일이 일어났을 때마다 같은 질문을 하지 않는 한 그런 말을 할 자격이 없다."

인생을 살다보면 이런저런 슬픔이나 불행을 겪게 된다. 때로는 실패와 좌절을 맛보기도 하고 불운을 맞이하기도 한다. 그럴 때면 대부분의 사람들이 자신의 운명을 한탄하며 "왜 하필이면 이런 일이 나에게 일어나는 것일까?"라고 외친다. 그러나 길거리에서 돈을 줍거나, 로또에 당첨되었을 때 또는 시험에 합격했을 때는 "왜 하필이면 이런 행운이 나에게 일어나는 것일까?"라고 질문하지 않는다. 이는 공평하지 않은 일이다. 인생에서 기쁨과 행복이 찾아올 수 있다면 슬픔과 불행 또한 마찬가지로 찾아올 수 있을 것이다.

그럼에도 불구하고 '인생은 불공평하다'는 사실을 받아들여야 조금이라도 공평한 인생을 만들 수 있다. 바로 여기 불공평한 삶을 성공적인 인생으로 바꾼 사람, 커넬 샌더스Colonel Sanders를 소개한다.

커넬 샌더스는 세계적인 패스트푸드 업체 켄터키 프라이드치킨Kentucky Fried Chicken, KFC의 설립자다. 그는 1890년 미국 인디애나 주州에서 태어났으며 5세 때 아버지가 사망한 후 직장에 나가 일을 하는 어머니를 대신하여 요리를 하기 시작했다. 7세 때 학교를 중퇴했고, 10세 때부터는 농장에서 일하기 시작했다. 12세 때 어머니가 재혼을 하자 의붓아버지의 폭력을 피해 집에서 나와야 했다.

그 후 페인트 공, 타이어 영업사원, 증기선 조종사, 철도 노동자, 농부, 보험판매원 등 헤아릴 수 없이 많은 일자리를 전전하였다. 40세에는 갖은 고생 끝에 설립한 사업체가 부도났고, 45세에는 그동안 번 돈으로 지은 레스토랑과 모텔에 화재가 발생하여 모두 타버렸다. 샌더스는 화재가 난 자리에 142석 규모의 대형 레스토랑을 지었지만, 국가도로사업계획에 의해 1년도 못 되어 헐값에 처분해야만 했다. 거듭된 실패로 빚은 쌓여갔고 설상가상으로 사랑하는 아들을 교통사고로 잃었으며 아내와의 갈등은 이혼으로 끝을 맺었다.

결국 60세가 되었을 무렵, 샌더스는 정신병원에 입원하게 된다. 커넬 샌더스는 자신의 불운한 처지를 비관하며 자살을 결심하고 죽을 방법을 찾기 위해 밤거리를 배회하였다. 그러던 중 귓가에 들리는 찬송가 소리를 따라 교회에 들어갔다가 마음을 돌려먹게 된다.

　커넬 샌더스는 죽을 고비도 많이 넘겼다. 1924년 추수감사절이 되기 며칠 전, 그는 아들과 함께 차를 타고 고속도로에 들어서다가 50m 아래로 추락하였다. 그의 차는 물속에 처박혔지만 커넬 샌더스는 차 밖으로 튕겨져 나와 목숨을 구할 수 있었다. 제2차 세계대전 중에는 자동차가 절벽 아래로 떨어지는 사고를 겪었다. 48시간 동안 잠 한숨 못 자고 일에 매달린 탓에 깜빡 졸음운전을 하여 벌어진 일이었다. 그의 차는 공중에서 세 바퀴를 회전하였지만 다행히 전복되지 않은 정상적인 상태로 시냇가에 떨어졌고, 샌더스는 큰 부상 없이 살아날 수 있었다. 이렇게 극단적인 상황 속에서 연이은 실패와 불행이 찾아오자 그는 "신이 나를 살려두는 것은 나를 벌주기 위해서다"라고 말하며 절망했었다.

　그러나 커넬 샌더스는 희망과 용기를 버리지 않았다. '나는 녹이 슬어 사라지기보다 다 닳아 빠진 후 없어지리라'는 다짐과 함께 새로운 도전에 나설 결심을 다졌다. 그리고 65세가 되던 1955년, 샌더스는 정부에서 지급하는 사회보장기금 105불을 밑천으로 삼아 자신이 개발한 닭튀김 조리법을 팔기 위해 미국 전역을 떠돌아다니기 시작했다. 3년간 1,008번이나 거절을 당했지만 끝내 포기하지 않았다. 마침내 1,009번째에 요리법을 사겠다는 사람이 나타났고 KFC 프랜차이즈 사업은 성공의 길로 접어들었다.

　1980년 12월 16일, 커넬 샌더스는 90세의 나이로 켄터키 루이

빌Louisville에서 폐렴으로 사망했다. 2000년, 그의 이름은 미국 비즈니스 명예의 전당U.S. Business Hall of Fame에 헌정되었다. 커널 샌더스는 다음과 같은 말을 남겼다.

"훌륭한 생각을 하는 사람은 많지만 행동으로 옮기는 사람은 많지 않다. 나는 포기하지 않았다. 대신 무언가를 할 때마다 그 경험에서 배우고, 다음번에는 더 잘할 수 있는 방법을 찾아냈다."

"바람Hope은 이루어지지 않을 수도 있지만 꿈Dream은 반드시 이루어진다. 왜냐하면 꿈을 가진 사람은 이루어질 때까지 도전하기 때문이다. 인생 최대의 난관은 인생 최대의 성공으로 가는 길목에 불과하다. 이길 때까지 포기하지 않으면 진다는 것은 있을 수 없다."

커널 샌더스는 65세의 나이에 자신의 꿈을 이루기 위해 계획대로 움직였고, 1,008번의 실패를 겪으면서도 결코 포기하지 않았다. 오히려 실패를 통해 다음에 더 잘할 수 있는 방법을 찾아내려 노력했다. 혹시라도 인생이 불공평하다고 생각한다면 불운과 실패로 얼룩졌던 커널 샌더스의 삶을 기억하라. 인생 최대의 난관은 인생 최대의 성공으로 가는 길목에 불과하다.

적은 내 안에 있다

1997년 4월, 미국 〈뉴욕타임즈〉는 '세계를 움직인 가장 역사적인 인물 1위'로 칭기즈 칸을 발표하였다. 과연 그는 어떤 삶을 살았고, 어떤 발자취를 남겼기에 가장 역사적인 인물로 선정된 것일까?

칭기즈 칸 成吉思汗은 몽골제국의 건국자다. 그는 1162년 몽골 오넌강 상류지방에서 태어났다. 본명은 보르지긴 테무친 鐵木眞이었는데, 그의 아버지 예수게이 바토르가 패배시킨 적장의 이름을 본뜬 것이라 한다.

아홉 살이 되던 무렵 타타르 부족에게 아버지가 독살된 후, 칭기즈 칸은 고난 속에서 성장하지만 불굴의 의지와 용기로 모든 역경을 이겨냈다. 1206년, 몽골 부족을 통일시키고 부족장 집회인 쿠

릴타이에서 '세계의 통치자'를 뜻하는 칭기즈 칸으로 추대되었으며, 강력한 군대를 이끌고 태평양에서 동유럽, 시베리아에서 페르시아 만에 이르는 세계 역사상 가장 넓은 영토를 정복하였다. 하지만 큰 영광 뒤에 그의 일생은 고난과 역경, 시련으로 가득했다.

집안이 나쁘다고 탓하지 마라.
나는 아홉 살 때 아버지를 잃고 마을에서 쫓겨났다.
어려서는 이복형제와 싸우면서 자랐고, 커서는 사촌과 육촌의 배신 속에서 두려워했다.

가난하다고 말하지 마라.
나는 들쥐를 잡아먹으며 연명했고,
내가 살던 땅에서는 시든 나무마다 비린내, 마른 나무마다 누린내만 났다.

배운 게 없다고 힘이 없다고 탓하지 마라.
나는 내 이름도 쓸 줄 몰랐으나, 그 대신 남의 말에 귀 기울이면서 현명해지는 법을 배웠다.

나는 힘이 없기 때문에 평생 친구와 동지들을 많이 사귀었다.
그들은 나를 위해 목숨을 바치고,

나를 위해 비가 오는 들판에서 밤새도록 비를 맞아주고, 나를 위해 끼니를 굶었다.

너무 막막하다고, 그래서 포기해야겠다고 말하지 마라.
나는 목에 칼을 쓰고도 탈출했고,
뺨에 화살을 맞고 죽었다 살아나기도 했다.

그렇지만 나는 숨을 쉴 수 있는 한 희망을 버리지 않았다.
알고 보니 적은 밖에 있는 것이 아니라 내 안에 있었다.
나는 내게 거추장스러운 것들을 모두 쏟아버렸다.

나 자신을 극복하는 순간 나는 칭기즈 칸이 되었다.

칭기즈 칸은 어려서부터 부모를 잃고 가난과 배신 속에 성장했으며, 자신의 이름조차 쓸 줄 몰랐고, 수없이 많은 죽음의 고비를 넘겨야 했다. 하지만 그는 포기하지 않았고, 오히려 더욱 웅대한 비전을 품었다. 그리고 자신의 꿈을 달성하기 위해 친구와 동지들을 최대한 많이 만들었다.

젊은 시절에는 이웃 부족장의 아들인 쟈무카와의 우정을 쌓아 어려움을 헤쳐 나갔고, 칭기즈 칸의 칭호를 얻은 후에는 요遼나라 유신遺臣 야율초재, 야율아해, 야율독화 그리고 위구르인 친카이

鎭海 등을 중용하며 몽골 제국의 기초를 다져나갔다.

칭기즈 칸의 몽골 통일에 공헌을 세운 여덟 명의 부하를 4구狗 4준駿이라 부르는데, 이는 네 마리의 사냥개와 네 마리의 빠른 말이란 뜻으로 충성심이 강하고 용맹함을 나타낸다. 4구狗는 수부타이, 제베, 쿠빌라이, 젤메를 말하며, 4준駿은 티라운, 보로클, 볼츠, 무카리를 가리킨다. 이중 제베는 칭기즈 칸의 목에 화살을 명중시킨 타이치오드 부족의 병사였다. 하지만 칭기즈 칸은 그의 실력을 높이 사 부하로 받아들였고, 그는 4구의 한 사람이 되어 용맹과 충성을 자랑하며 많은 공을 세웠다.

칭기즈 칸은 부하들과의 의리를 소중히 여겼고, 전쟁터를 누비며 생사고락을 함께했다. 그는 병사들이 '테무친'이라는 이름으로 자신을 부르는 것을 허용했으며, 병사들과 같은 옷을 입고 같은 음식을 먹었다. 전투가 벌어질 때마다 선두에 서서 돌격하였고, 전쟁에서 얻은 전리품은 부하들과 평등하게 분배하였다.

전쟁 중에 포로로 잡혀간 아내가 적군의 아이를 임신했다는 사실을 알면서도 다시 받아들였고, 아내가 낳은 아이를 자신의 핏줄로 인정하였다.

요즘처럼 토사구팽兎死狗烹이 만연하는 세태와 비교해 볼 때 칭기즈 칸이 보여준 의리는 참으로 귀감이 아닐 수 없다.

공자는 "이익을 놓고 의리를 생각하고, 위급한 시기에 목숨을 내놓고, 오랜 약속을 평생토록 잊지 않고 지킨다면 완성된 사람이라 할 수 있다"고 말했는데 칭기즈 칸이야말로 완성된 인간관계를 보여준 것이다.

한번은 칭기즈 칸이 케레이트 부족장 옹 칸의 계략에 빠져 전투에서 패하고 발주나 호수로 달아나게 되었다. 19명의 부하들과 함께 흙탕물을 마시며 목숨을 연명하던 칭기즈 칸은 "만일 내가 이 사람들을 잊어버린다면 흙탕물처럼 되게 하소서"라고 맹세하였다. 이후 19명의 부하들은 몽골 통일과 세계 정복에 크게 활약하였다.

1227년 8월, 칭기즈 칸은 탕구트와의 전쟁 중에 사망하였다. 세상에 머물다 간 시간은 65년에 불과했지만, 그가 인류 역사에 미친 영향은 수백 년 동안 지속되고 있다. 또한 칭기즈 칸의 열정과 용기, 강인한 리더십은 많은 교훈과 뜨거운 감동을 안겨주고 있다.

성공을 원하는가? 그렇다면 환경을 탓하지 말고 타인을 원망하지 마라. 포기하지 말고, 절망하지 마라. 나폴레옹 또한 이렇게 말했다.

"승리는 가장 많이 인내하는 자에게 주어지는 선물이다."

성공을 가로막는 적은 밖에 있는 것이 아니라 내 안에 있으며 자신의 한계를 극복하는 순간, 누구나 인생의 '칸'이 될 수 있다. 자신을 넘어서라. 그것이 성공 비결이다.

유재석

단 한 번만
기회를 주시면

"사실 그 당시 하루하루는 정말 힘들었다. 방송이 너무 엇나가고 하는 일마다 안 됐다. 개그맨이 됐고 방송은 출연해야 하는데…… '내일 뭐하지?'가 가장 고민이었다. 늘 자기 전에 그런 생각을 했고 잠도 안 왔다."

어떤 사람의 하소연일까? 바로 '메뚜기'라는 별명이 붙은 방송인 유재석의 이야기다. 진행을 맡는 프로그램마다 최고의 시청률을 자랑하고, 1회 출연료 900만원, 연간 20억 원의 출연료 수입을 올리고 있는 국민 MC 유재석의 입에서 나온 말이라고는 상상하기 힘든 내용이다.

하지만 그에게도 분명히 무명의 시절이 있었다. 그것도 짧은 기간이 아니라 자그마치 9년이라는 길고 긴 시간이었다. 대한민국 최고의 MC가 되기까지 유재석은 숱한 불면의 밤을 지새운 것이다. 과연 무명 연예인에 불과했던 유재석은 어떻게 정상의 자리에 오를 수 있었던 걸까?

유재석은 1972년 8월 14일, 서울에서 태어났다. 초등학교 시절에는 집안 사정으로 세 번이나 이사를 해야 했다. 6학년 때는 육성회비 기부금을 내지 못해 어머니가 학교 화단과 정문 앞을 청소하는 것으로 대신하였다. 고등학교 생활기록부에는 장래 희망이 정치외교로 적혀 있으며, 남성적이고 쾌활하여 친구가 많다고 기록되어 있다. 유현초등학교, 수유중학교, 용문고등학교를 거쳐 서울예술대학 방송연예학과에 입학했으나 중퇴하였다.

방송에 데뷔한 것은 대학교 1학년 때의 일이다. 친구와 함께 제1회 KBS 대학 개그제에 출전한 그는 신선한 소재의 개그로 장려상을 수상하였다. 그 이후 '쇼 비디오자키'에서 보조 출연을 하며 방송생활을 시작했다.

유재석은 패기만만하고 자신감에 넘쳤지만 현실은 생각과 달랐다. 그의 연기는 빛을 보지 못하였고 유재석이라는 이름은 사람들의 기억에서 잊혀 갔다. 무엇보다 가장 큰 문제는 유재석의 '카메라 울렁증'이었다. 평소 연습 때는 누구보다 잘 하면서도 막상 카메라 앞에만 서면 울렁증이 생겨 번번이 NG를 내곤 하였다. 어쩔 수 없이 그의 무명 시절은 길어져만 갔다. 2000년, MBC에서 방영된 연예인들의 셀프카메라에서 유재석은 자신의 방 침대에 앉아 매우 수척하고 지친 모습으로 독백을 이어간다.

"중간에 정말 포기하고 싶었던 적이 많았다. 사람들로부터 '넌 도대체 연예인이 됐는데 왜 TV에 안 나오고 그러냐?'는 말을 자주 듣는다. 물론 농담 삼아 하는 말이지만 그런 말 한 마디 한 마디가 가슴에 깊은 상처로 남았다."

그러면서 유재석은 그동안 자신이 받은 트로피를 꺼내보였다. KBS 〈서세원 쇼〉에서 받은 왕중왕상, 그리고 어떤 이름 없는 시상식에서 받은 작은 트로피가 전부였다. 유재석은 데뷔 9년 동안 단 2개의 트로피밖에 받지 못하며, 실패한 연예인으로 낙인찍힌 채 살고 있었다. 현재 유재석이 2005년 KBS 연예대상 대상, 2009년 SBS 연예대상 대상, 2010년 MBC 방송연예대상 대상을 비롯해 수십여 차례의 크고 작은 상을 휩쓴 사실과 비교해 볼 때 너무나 초라하고 암담한 모습이었다. 그러나 당시 유재석은 셀프 카메라를 향해 이렇게 말하며 촬영을 마무리하였다.

"지금 이대로 변하지 않고 열심히 해나갈 것이고, 그런 좋은 모습을 팬들에게 보여주고 싶다."

유재석은 포기하고 싶은 마음을 이겨내고 자신의 말을 실천해 갔다. '최선을 다하지 않고는 원망할 가치도 없다'는 자신의 좌우명처럼 항상 모든 일에 최선의 노력을 기울였다.

서서히 그에게 행운이 다가오기 시작했다. 2001년, 당시 최고의 인기를 얻고 있던 KBS 〈서세원 쇼〉에 게스트로 출연하게 된 것이다. 토크박스 코너에 등장한 유재석은 재치 있는 입담으로 웃음을 빵빵 터뜨리며 시청자들의 눈길을 사로잡았다.

유재석의 이름이 사람들의 입에 오르내릴 즈음, 그의 운명을 바꿔놓는 천금 같은 기회가 찾아온다. MBC에서 신설된 〈스타 서바이벌 동거동락〉 메인 MC를 맡게 된 것이다. 유재석의 지명도와 경력으로는 불가능한 자리였지만 평소에 그의 재능을 눈여겨 본 탤런트 고故 최진실이 강력하게 추천해 준 덕분에 가능했던 일이었다. 이 프로그램을 통해 유재석은 자신의 장기를 마음껏 살리며 2000년 MBC 연기대상 MC부문 특별상을 받게 된다.

그리고 이때부터 유재석의 전성기가 시작되었다. 〈공포의 쿵쿵따〉 〈진실게임〉 〈X맨〉 〈패밀리가 떴다〉에서 최고의 MC로 능력을 인정받기 시작한다. 현재는 〈무한도전〉 〈놀러와〉 〈해피투게더〉 〈런닝맨〉 등의 진행을 맡고 있으며, 대한민국에서 가장 인기 많은 MC로 활동 중이다. 지난 2008년에는 '결혼하고 싶은 배우자의 직업은 아나운서'라는 꿈도 이뤘다. 〈무한도전〉 코너에 목소리만 출연했던 MBC 나경은 아나운서와의 결혼에 성공한 것이다. 간절한 꿈은 이루어지는 것일까?

유재석이 국민 MC로 성공할 수 있었던 비결은 무엇일까? 많은 사람들이 인정하는 겸손함, 성실성, 배려하는 자세, 친화력, 인간적인 면모, 방송을 위해 자신을 희생하는 프로정신 등을 손꼽을 수 있을 것이다. 실제로 그는 '얼굴에 빨래집게 많이 물리기' 한국 최고기록 보유자일 정도로 헌신적인 자세로 방송에 임하고 있다.

하지만 앞에서 말한 장점들은 대부분 성공의 과정에서 늘어난 결과물들이 아닐까 생각된다. 사실 신인 시절의 유재석은 그다지 겸손한 성격은 아니었던 것으로 전해진다. 오히려 자만심에 넘쳐 건방을 떨다 선배들에게 혼나던 젊은이였다. 유재석도 스스로 방송에서 자신의 잘못을 고백하고 있다.

"대학 개그제에서 장려상을 받았는데 기대했던 상이 아니었다. 자리에서 일어나 상을 받으러 나갈 때 불만스런 마음에 귀를 팠다."

그렇다면 그를 성공의 길로 이끈 것은 무엇일까? 〈무한도전〉 팬 미팅에 참가한 유재석은 성공 비결을 묻는 질문에 이렇게 대답하였다.

"사실 제가 개인기가 있는 것도 아니고, 개그맨으로서 은연중에 여러 가지 콤플렉스가 많이 있었기 때문에 하루하루 그냥 열심히 살았거든요. 정말 열심히 살았습니다. 한눈팔지 않고요. 제가 워낙 예전부터 참 많이 기도를 했어요. 예! 기도를 했습니다. 방송이 너무 안 되고, 하는 일마다 자꾸 어긋나고 그랬을 때, 정말 간절하게 기도했습니다. 진짜 한 번만 기회를 주시면 진짜 한 번만 단 한 번만 개그맨으로서 기회를 주시면…… 그래서 소원이 이루어졌을 때 지금 마음과 달라져 초심을 잃거나 이 모든 것이 나 혼자 얻은 것이라고 생각을 한다면 저에게 이 세상의 그 누구보다 큰 아픔을 주셔도 왜 이렇게 가혹하게 하시냐고 단 한 마디라도 원망하지 않겠다. 늘 그렇게 생각했습니다."

역시 간절한 꿈은 이루어지는 법이다. 9년이나 계속된 무명 시절의 어려움 속에서도 유재석은 꿈을 포기하지 않았고, 간절히 기도했다. "한 번만 기회를 주시면, 진짜 한 번만, 단 한 번만 개그맨으로서 기회를 주세요"라고 말하며 뜨겁게 성공을 열망한 것이다. 그리고 결국 최고의 MC가 되었다.

성공을 원한다면 성공을 갈망하라. 단 한 번만, 내 생에 단 한 번만이라도 기회가 오기를 간절하게 기도하라. 성공은, 온몸으로 성공을 뜨겁게 갈망하는 사람에게만 찾아오기 마련이다. 지금 당신은 성공을 갈망하고 있는가?

레이 크록
Raymond Albert Kroc

땀 한 방울을 흘릴 때마다
더 많은 행운이 찾아온다

"세상에 인내 없이 이룰 수 있는 일은 아무것도 없다. 재능만으로는 안 된다. 위대한 재능을 가지고도 성공하지 못한 사람을 우리는 많이 찾아볼 수 있다. 천재성으로도 안 된다. 실패한 천재라는 말이 그것을 증명하지 않는가! 교육으로도 안 된다. 세상은 교육받은 낙오자들로 넘치고 있다. 오직 인내와 결단력만이 무엇이든 이룰 수 있다."

세계적인 패스트푸드 업체 맥도널드의 창업자 레이 크록^{Raymond Albert Kroc, 1902~1984}의 사무실 액자에 적혀있는 문장이다. 맥도널드의 화려한 명성에 비해 레이 크록에 대해서는 그다지 널리 알려져 있지 않다. 과연 그는 어떤 인물일까?

레이 크록은 1902년 10월 5일 미국 일리노이 오크 파크에서 출생했다. 15살이 되던 무렵 1차 세계 대전이 발발하자, 그는 자신의 나이를 속이고 군에 입대해 적십자 소속 구급차를 운전한다. 이때 함께 했던 동료 중에는 만화가 지망생이었던 월트 디즈니가 있었다. 전쟁이 끝난 후에는 댄스 밴드의 일원으로 피아노를 연주하며 돈을 벌었다.

1922년, 릴리 튤립사에 들어가 일주일에 35달러를 받으며 종이컵을 판매하는 영업사원으로 일하였고, 얼마 후 시카고의 라디오 방송국에서 음악 프로그램을 편집하는 일에 종사하였다. 그러던 어느 날, 개발 붐이 한창이던 플로리다로 이주하여 부동산 중개업에 뛰어들었으나 사업은 1년 만에 파산으로 끝나고 말았다. 그는 다시 시카고로 돌아와 릴리 튤립에 재입사하였고 그 후 10여 년간을 종이컵 영업사원으로 근무하게 된다.

1937년, 레이 크록은 자신의 고객이자 프린스 캐슬 멀티 믹서의 후원자였던 얼 프린스로부터 날개가 5개 달린 믹서를 발명했다는 이야기를 듣게 된다. 한꺼번에 6잔의 밀크셰이크를 만들 수 있다는 이 기계에 매력을 느낀 레이 크록은 전 세계 단독 에이전트 계약을 맺고 판매회사를 세운다. 그로부터 17년 동안 그는 멀티 믹서를 판매하며 미국 전역을 떠돌아다녔다. 그러나 사업은 순탄하지 않았다. 영업을 시작한 지 수년이 지나도록 적자가 계속되었고, 최고 10만 달러 이상의 빚더미에 허덕여야 했다. 오로지 성공에 대한 열망과 인내심 하나로 사업을 계속해 나가던 그에게 마침내 기회가 찾아왔다. 아니, 그가 스스로 기회를 발견했다고 표현해야 옳을 것이다.

1954년 어느 날, 레이 크록은 캘리포니아 주 샌 버나디노에 위치한 작은 햄버거 가게로부터 멀티 믹서 8개를 주문받았다. 호기심을 느낀 크록이 직접 찾아가 보니 모리스 앤 리처드 맥도널드 Maurice and Richard McDonald라는 햄버거 가게였는데, 동시에 45개의 밀크셰이크를 만들어내야 할 만큼 성황을 이루고 있었다. 모든 것은 셀프 서비스로 이뤄지고 있음에도 불구하고 신속한 서비스와 높은 청결도가 유지되고 있었다.

그 순간, 레이 크록은 맥도널드 햄버거의 무한한 성공 가능성을 직감적으로 느낄 수 있었다. 그는 맥도널드 형제와 프랜차이즈 판매권을 계약하였고, 1960년까지 200여 개의 프랜차이즈를 모집하였다. 그리고 1961년 맥도널드 햄버거에 대한 전매권을 270만 달러에 매입하며 실제적인 창업주가 되었다. 레이 크록은 뛰어난 결단력으로 성공의 기회를 거머쥐었다. 사업을 시작할 당시 안정적인 직장에서 뛰쳐나가는 것을 못마땅하게 생각한 아내의 반대가 있었지만 그는 주저앉지 않았다.

프랜차이즈 사업을 제안한 레이 크록에게 "불가능할 겁니다. 누가 우리 대신 매장을 열겠습니까?"라고 맥도널드 형제가 부정적인 반응을 나타내자 레이 크록은 즉각 "내가 직접 하겠습니다"라고 대답하며 승낙을 이끌어냈다.

레이 크록은 맥도널드를 인수한 지 17년 만에 억만장자가 되었으며, 맥도널드는 2011년 기준으로 전 세계 120여 개 국가에 32,737개의 지점을 두고 있다. 1983년〈에스콰이어〉는 '20세기 미국인의 생활에 가장 큰 영향을 끼친 50인'에 레이 크록을 선전하였다, 당시의 기사에는 다음과 같은 내용이 실려 있었다.

"콜럼버스는 미국을 발견했고, 제퍼슨은 미국을 건국했고, 레이 크록은 미국을 '맥도날드화' 했다."

1984년, 레이 크록은 82세의 나이로 사망했다. 52세까지 적자 사업에 허덕이던 레이 크록은 어떻게 억만장자가 될 수 있었던 걸까? 그는 이렇게 말한다.

"사람들은 내가 52세가 되어서야 맥도날드 사업에 뛰어들었고 단기간 내에 성공을 거두었다는 사실에 놀라곤 한다. 그래서 어느 날 아침에 일어나 보니 갑자기 성공해 있었다고 할 수도 있겠지만 그 이전의 30년은 기나긴 밤의 연속이었다. 나는 성공을 꿈꾸며 오랜 시간을 인내해 온 것이다."

레이 크록은 30년이라는 기간 동안 변변한 성공을 거두지 못한 채 여러 직업을 전전하였다. 아니, 오히려 실패와 실패의 연속이었다. 고등학교는 중퇴했고, 20대 초반에는 피아노 연주 아르바이트와 종이컵 영업으로 생계를 유지했다. 모처럼 뛰어들었던 부동산 사업에서는 큰 손해를 입었고, 17년 동안 전념했던 멀티 믹서 판매 사업에서도 고전을 면치 못했다.

  그러나 이런 경험을 통해 외식 산업에 대한 안목을 기를 수 있었고, 훗날 맥도널드 가게를 방문하였을 때 일생일대의 기회를 알아볼 수 있었던 것이다. 성공은 인내와 결단을 요구한다. 레이 크록의 말을 교훈으로 더 많은 땀을 흘려보자.

"땀 한 방울을 흘릴 때마다 더 많은 행운이 찾아온다"

5장

비극과 사랑을
경험하고
새롭게 태어나다

Affront&Heal

헤르만 헤세
Hermann Hesse

사랑은
풍요로운 것이다

사랑 그것은 아주 분명한 것입니다.

삶의 짐을 드높이고,

인생을 무한히 확장시키며,

마음을 비옥하게 하는 모든 것입니다.

무엇보다 높고도 깊으며

인생을 풍요롭게 하는 모든 것

그것이 바로 사랑입니다.

사실 사랑은,

자동차처럼 그 자체에는 아무런 문제가 없습니다.

오히려 우리 삶에 보탬을 주는 것입니다.

다만 사랑에서 문제가 되는 것은

운전자이며,

승객이며,

도로일 따름입니다.

헤르만 헤세의 시 〈사랑은 풍요로운 것입니다〉의 전문이다.

사랑이란 무엇일까? 제롬은 "사랑은 홍역과 같다. 우리는 모두 그것을 거쳐 가야 한다"고 말했고, 생텍쥐페리는 "사랑이란 서로 마주보는 것이 아니라 함께 같은 방향을 바라보는 것이다"라고 말했다. 오스카 와일드는 다소 희극적으로 풍자했다 "남자는 한번 여자를 사랑하면 그 여자를 위해서 무슨 일이든지 한다. 단 한 가지 해주지 않는 것이 있다. 그것은 영원히 사랑하는 것이다."

반면 도마는 비극적으로 사랑을 한탄했다. "사랑의 시작은 너무 아름답다. 너무 아름다워서 그 끝이 안 좋은 것도 무리가 아니다." 사랑의 정의가 무엇이든 한 가지 분명한 진리는 라브뤼이엘의 말에 담겨있다. "사랑하지 말아야 되겠다고 하지만 뜻대로 안 되는 것과 같이 영원히 사랑하려고 해도 뜻대로 되지 않는 것이 사랑이다."

사랑은 우리의 의지와 상관없이 찾아오고, 우리의 바람과 무관하게 떠나간다. 그렇다고 걱정할 것 없다. '이별이 두려워 사랑하지 못하는 자는, 죽음이 두려워 숨 쉬지 못하는 자와 같다'는 인디언 속담도 있으니까.

독일의 시인이자 소설가 헤르만 헤세Hermann Hesse, 1877~1962는 독일 남부 뷔르템베르크의 칼프에서 출생하였다. 그의 청소년기는 대표적인 질풍노도의 시기였다. 정신적 속박에서 벗어나기 위해 신학교를 뛰쳐나왔고, 고등학교를 중퇴한 후에는 시계부품공장 견습공과 서점 점원을 전전하였다.

다행히 30대 무렵에는 문학분야에서 명성을 얻었지만, 40살이 되던 1916년부터는 아버지의 죽음, 막내아들의 중병, 아내의 정신병 악화와 입원, 아내와의 이혼, 재혼과 두 번째 이혼, 자신의 신병身病 등 숱한 고통과 불행을 겪어야 했다.

이 당시 헤세가 쓴 대표적인 작품이 《데미안Demian》이다. '새는 알에서 깨어나기 위해 투쟁한다. 알은 새의 세계다. 태어나려고 하는 자는 한 개의 세계를 깨뜨리지 않으면 안 된다'는 문장이 널리 알려져 있다.

어떻게 보면 성공은 나를 둘러싸고 있는 하나의 세계를 깨뜨리는 일이다. 고정관념, 능력의 한계, 환경의 제약을 깨뜨리고 새롭게 태어나야 성공의 세계로 나올 수 있다. 때로는 사랑이 가져다주는 실연과 이별의 아픔도 이겨내야 한다.

헤세의 삶은 사랑과 이별로 점철되어 있다. 그는 평생 3번의 결혼과 두 번의 이혼을 포함해 많은 사람들과 사랑을 나눴다.

1892년 6월, 15살이었던 헤세는 실연의 아픔으로 자살을 기도했고, 이로 인해 한동안 정신병원에서 치료를 받으며 요양해야 했다. 1902년, 사랑하는 어머니가 사망했다. 1904년, 자신보다 9살 많은 피아니스트 마리아 베르누이와 결혼한다. 가족들은 격렬하게 반대했지만, 그녀에게서 어머니의 모습을 느낀 헤세는 결혼을 강행하였다. 그들은 세 명의 자녀를 남겼고, 18년 후 이혼한다.

두 번째 부인 루트 벵어는 젊고 아름다운 가수였으며, 헤세보다 20살이나 어렸다. 헤세는 그녀를 열정적으로 사랑했지만, 결혼생활은 불과 3년 만에 막을 내리고 말았다. 루트 벵어의 요청에 따른 결과였다. 헤세는 큰 상처를 받았고, 오랫동안 방황했다.

1931년, 헤세는 역사학자 니논 돌빈과 세 번째 결혼식을 올린다. 두 사람의 인연은 니논이 14살 때 헤세에게 보낸 팬레터를 계기로 시작되었다. 결혼 당시 그녀는 헤세보다 18살이 어렸지만, 두 번의 결혼 실패로 우울증에 빠져있던 헤세의 영혼을 따뜻한 사랑으로 구원해 주었다. 헤세는 그녀와 함께 행복한 만년을 보낸 후 1962년 뇌출혈로 세상을 떠났다. 향년 84세였다.

헤세는 《페터 카멘찐트》《수레바퀴 밑에서》《데미안》《싯다르타》《지와 사랑》을 비롯해 수많은 소설과 시집, 평론집을 남겼으며 화가로서도 왕성한 활동을 펼쳤다. 1946년에는 《유리알 유희》로 노벨문학상을 수상하며 작가로서 최고의 영예를 누렸다. 사랑이 그의 삶과 문학 작품을 풍요롭게 만들어 준 셈이다.

헤세는 생전에 이렇게 말하곤 하였다.

"삶이 밝을 때도 어두울 때도, 나는 결코 인생을 욕하지 않겠다."

그는 사랑의 기쁨과 아픔을 모두 당연하게 받아들였으며 불평하지 않았다. 그리곤 자신의 경험을 위대한 문학작품으로 승화시켰다. 지금 이별의 아픔을 겪고 있거나, 사별의 고통에 잠겨 있다면 헤세의 삶을 떠올리며 용기를 내라. 문제가 되는 것은 사랑이 아니라 운전자, 승객, 도로일 따름이다. "사랑은 우리를 행복하게 해주기 위해서 존재하는 것이 아니다. 우리가 고뇌와 인고 속에서 얼마나 강할 수 있는지를 보여주기 위해서 존재한다"는 헤세의 말을 기억하라.

까미유 클로델
Camille Claudel

시간이 모든 것을
되돌려 놓을 것입니다

나의 연인이여. 어찌하여 작업실에서 기다리지 않은 것이오?
그 때문에 내가 얼마나 큰 고통을 느껴야 했는지……
당신을 보지 않으면 나는 단 하루과도 살아갈 수 없다오.

나의 연인이여. 당신을 미치도록 사랑하오.
부디 당신의 모습을 매일 볼 수 있도록 허락해 주오.
당신이 나에게 동정을 베풀어 준다면, 그대 자신도 보상을 받을 것이오.

'생각하는 사람'이라는 조각으로 유명한 오귀스트 로댕이 까미유 클로델에게 보낸 연서戀書다. 미술사에서 가장 불행한 삶을 살다간 남자 화가를 고흐라고 말한다면, 가장 비참한 삶을 산 여성 조각가는 까미유 클로델이라 말할 수 있을 것이다. 천재적인 재능, 뛰어난 미모, 예술에 대한 열정을 지녔지만 클로델의 삶은 비극 그 자체였다. 자신이 가장 사랑한 사람으로부터 버림을 받았고, 그로 인해 극심한 우울증과 피해망상에 시달렸다. 결국 30년 동안이나 정신병원에 갇혀 살다 비극적인 삶을 마쳤다.

사랑에는 네 가지 유형이 있다고 말한다. 첫사랑, 운명적인 사랑, 불 같은 사랑, 비극적인 사랑. 클로델의 사랑은 네 가지 요소를 모두 포함한 것이었다. 마지막 숨을 거둘 때, 그녀에게 동정을 베풀어 준 사람은 아무도 없었다. 심지어 로댕조차도.

카미유 클로델Camille Claudel은 1864년 12월 8일, 프랑스 북동부 에느 지방에서 1남 2녀 중 장녀로 태어났다. 아버지는 등기소 소장이었으며 어머니는 의사였다. 클로델은 어린 시절부터 조각에 흥미를 나타냈는데, 5살 무렵에는 진흙으로 여러 가지 물체를 빚곤 하였다. 이러한 재능을 눈여겨 본 주변 사람들의 권유를 받고 그녀는 17살이 되자 파리로 이주해 본격적인 조각 수업을 시작한다.

2년 후, 로댕과의 운명적인 만남이 시작된다. 스승으로 모시고 있던 알프레드 부셰가 이탈리아로 떠나며, 제자들을 맡아 달라는 부탁을 로댕에게 요청한 것이다. 로댕은 카미유를 〈지옥의 문〉 제작팀의 조수로 고용하였고, 얼마 후 두 사람은 스승과 제자 사이를 넘어 연인 관계로 발전한다. 이때 클로델의 나이는 19살, 로댕은 43살이었다.

24살이라는 나이 차이를 뛰어넘은 두 사람의 사랑은 자신들의 작품에 그대로 반영되었다. 클로델은 〈사쿤탈라〉라는 조각을 통해, 로댕은 〈입맞춤〉, 〈영원한 우상〉, 〈사색〉 등의 조각을 통해 서로에 대한 뜨거운 사랑을 표현하였다. 근엄한 남성상에 치우쳤던 로댕의 조각에는 관능적인 섬세함이 가미되었고, 클로델 또한 한 조각가로서 자신만의 독창적인 영역을 확보하기 작했다.

그러나 두 사람의 사랑은 얼마 지나지 않아 이미 파국으로 치닫고 있었다. 로댕의 작품 〈키스〉는 클로델의 작품과 유사점이 많아 표절 의혹을 불러 일으켰다. 로댕은 당황했고, 클로델의 천부적 재능은 위협적으로 다가왔다.

게다가 로댕에게는 20년 동안 동거생활을 이어온 여인, 로즈뵈레가 있었다. '나를 향해 동물적인 충성심을 지닌 여자' 라고 로댕이 부를 만큼 그녀의 헌신은 절대적이었다. 반면에 클로델은 자유로운 열정과 독립심, 자신에 대한 자긍심이 높은 여인이었다. 결국 로댕은 까미유와의 결별을 선택하고 로즈뵈레의 곁으로 돌아가 버린다.

로댕으로부터 버림받은 클로델은 실연의 고통에서 벗어나기 위해 조각 활동에만 전념하였다. 〈중년〉 〈페르세우스〉 〈깊은 생각〉 〈비상하는 신〉 〈울부짖는 사람〉 〈베르툼누스와 포모나〉 〈왈츠〉 등이 이 시기에 그녀가 완성한 조각들이다. 만약 그녀에게 상처가 없었더라면 슬픔을 예술로 승화시킨 작품은 세상에 나오지 못했을 것이다.

〈중년〉이란 작품은 냉정하게 떠나는 남자와 무릎을 꿇고 애원하는 여자의 모습을 형상화하고 있다. 바로 로댕과 자신의 이별을 나타낸 것이다. 그녀의 열정에도 불구하고 사람들의 평가는 호의적이지 않았다. 그녀의 작품은 로댕의 아류에 불과하다며 혹평을 퍼붓곤 하였다. 절망적인 현실에 상심한 클로델의 몸과 마음은 한꺼번에 무너져 내렸다.

그녀는 로댕에 대한 분노, 우울증과 피해망상에 사로잡혔고, 병적인 말과 행동을 보이기 시작했다. 자신의 작품들을 망치로 부수고, 자신의 방을 쓰레기로 가득 채웠다. 밤이 되면 거리를 방황했고, 이따금 로댕의 집을 향해 돌팔매질을 하는 모습이 눈에 띄었다. 사람들을 만나면 "로댕이 나를 독살毒殺하려 한다"고 말하며 공포에 몸을 떨었다.

1913년, 마침내 클로델은 빌 에바라르 정신병원에 수감되고 만다. 이듬해 몽드베르그 정신병원으로 옮겨진 후, 분노와 광기 속에 30년을 갇혀 지낸다. 1943년 10월 19일, 클로델은 불운했던 삶을 마감하고 세상을 떠난다. 비극적인 죽음의 순간, 그녀의 곁을 지키는 사람은 아무도 없었다.

2000년, 프랑스 우정국에서는 〈왈츠〉를 소재로 까미유 클로델을 기념하는 우표를 제작하였다. 그녀가 사망한 지 57년만의 일이다. 최근 클로델의 작품들은 새로운 각도에서 조명받고 있다. 로댕의 연인, 비운의 여인으로만 불리던 클로델이 천재적인 조각가로서의 명성을 되찾고 있는 것이다. 까미유 클로델! 그녀의 삶은 비록 사랑의 상처로 찢겨졌지만 그녀의 작품에 담긴 뜨거운 열정과 창조성은 영원히 살아 숨 쉴 것이다. 일찍이 클로델의 후원자이자 그림 수집상이던 외젠 블로가 그녀에게 보낸 편지에서 말했듯이.

"당신은 결국 당신 자신이었습니다. 당신은 로댕의 영향에서 벗어나 기교와 상상력의 영역에서 위대한 업가를 이루었습니다. 당신에게는 천재성이 있었습니다. 이것은 과장된 말이 아닙니다. 시간이 모든 것을 제자리로 돌려놓을 것입니다."

프레데리크 쇼팽
Fryderyk Chopin

인생에서 좋은 것은 사랑뿐이다

1831년 어느 날 저녁, 파리의 한 살롱에는 발 디딜 틈도 없이 사람들로 가득 차 있었다. 잠시 후 젊은 음악가 한 명이 무대 위로 올라왔다. 그는 피아노 앞에 앉아 모차르트의 〈돈 조반니〉를 연주하기 시작했다. 이튿날, 파리의 평론가들은 이 젊은 음악가의 천부적 재능에 아낌없는 칭찬을 쏟아부었다. 작곡가 로베르트 슈만은 이렇게 말했다.

"신사숙녀 여러분, 모자를 벗어 경의를 표하시오. 천재가 등장했습니다."

프레데리크 쇼팽은 1810년 3월 1일, 폴란드 바르샤바에서 태어나 39살의 젊은 나이로 세상을 떠날 때까지 200여 편 이상의 피아노곡을 남겼다. 〈즉흥 환상곡〉〈강아지 왈츠〉〈빗방울 전주곡〉

〈영웅 폴로네즈〉 등이 아직까지도 많은 사람들의 사랑을 받고 있는 쇼팽의 작품들이다.

19세기 러시아 피아니스트 안톤 루빈스타인은 그를 '피아노의 시인, 피아노의 마음, 피아노의 영혼'이라 부르며 칭송하였다. 쇼팽은 시대를 앞서나가는 독창적인 양식과 연주 기법을 선보였으며, 자유로운 예술혼을 지닌 위대한 작곡가이자 피아니스트였다. 그의 곁에는 예술적 영감을 북돋아 준 사랑하는 연인 조르주 상드가 있었다. 만약 상드와의 사랑이 없었다면 쇼팽이 거둔 음악적 성취는 매우 낮았을 것이다. 그만큼 그녀가 끼친 영향은 절대적이었다. 과연 쇼팽과 상드는 어떤 사랑을 나누었을까?

쇼팽은 어려서부터 피아노를 배웠다. 8살 무렵에는 기로베츠의 협주곡을 연주할 정도로 뛰어난 재능을 보였으며, 22살이 되던 1832년에는 파리에서 최초의 연주회를 개최해 호평을 받았다. 1836년에는 어린 시절의 여자 친구와 약혼을 하지만, 주위의 반대로 파혼에 이른다. 이때 이미 쇼팽은 폐결핵을 앓고 있었던 것으로 전해진다.

실연의 아픔에 젖어있던 쇼팽은 리스트의 소개로 조르주 상드를 만나게 된다. 쇼팽보다 6살이 많았던 상드는 인기 있는 여류 소설가였다. 하지만 남성 편력으로 악평을 얻고 있었다. 하지만 상드는 어머니처럼 쇼팽을 다정하게 보살폈고, 두 사람의 사랑은 일약 파리 사교계의 가장 큰 스캔들이었다.

사람들의 지나친 관심과 함께 쇼팽의 병세가 점점 악화되자 둘은 스페인 마요르카 섬으로 요양을 떠나게 된다. 그러나 쇼팽의 폐결핵은 쉽게 호전되지 않았다. 의사들은 곧 그가 죽을 것이라고 공공연하게 말했다. 쇼팽이 각혈을 하자 전염을 두려워 한 원주민들의 요구에 의해 수도원으로 옮겨야 했다. 이런 상황에서도 상드는 쇼팽을 떠나지 않았고, 그의 곁을 지키며 정성어린 간호를 베풀었다. 상드의 헌신적인 보살핌 아래 쇼팽은 조금씩 건강을 되찾았으며 작곡 활동에만 전념할 수 있었다.

쇼팽의 대표작인 마주르카와 녹턴, 빗방울 전주곡을 포함한 24개의 전주곡 등이 모두 마주르카에 체류하던 시기에 완성되었다. 이후에도 두 사람은 마요르카 섬, 마르세유, 상드의 별장이 있는 노앙을 오가며 10년 동안을 함께 살았다. 쇼팽은 기분이 좋아질 때면 상드를 '나의 주인'이라 부르며 다음과 같이 찬미했다.

"많은 나의 음악은 그녀 덕분이며 내가 지치고 고독할 때 그녀의 눈길이, 그녀의 애무가, 그녀의 미소가 있다면 나는 그녀를 위해서만 살고 싶다."

폐결핵에 시달리면서도 수많은 명곡을 탄생시킨 쇼팽, 그러나 영원할 것 같던 상드의 사랑은 서서히 변해가기 시작했다. 사실 그녀와 쇼팽은 잘 어울리지 않는 사이였다. 여성적이고 섬세한 성격의 쇼팽은 몇 주일씩 문을 걸어 잠그고 피아노를 치며 혼자만의 음악세계에 빠져들었다. 반면 상드는 남장을 하고, 담배를 피우며, 사교계에 출입하는 것을 즐겼다. 쇼팽은 상드의 자녀들과도 잘 어울리지 못하였다.

상드는 자신의 소설에 등장하는 주인공의 모습을 통해 쇼팽의 이미지를 부정적으로 묘사하였다. 1847년, 쇼팽과 상드는 10년간에 걸친 연인생활을 마무리한다. 표면적인 이유는 상드가 반대한 딸의 결혼을 쇼팽이 도와줬다는 것이었다. 진실이야 어찌 되었든 상드는 편지 한 통을 보내 결별을 선언하였고, 그들의 관계는 막을 내렸다.

상드와의 이별은 쇼팽에게 커다란 충격을 안겨주었다. 죽기 전까지 그는 무척 상드를 그리워했다. 몇 차례나 자신의 사랑을 호소하는 편지를 보냈지만, 변심한 연인의 마음을 되돌릴 수는 없는 일이었다.

쇼팽은 고독 속에서 작곡과 연주 활동을 계속했고, 이로 인해 건강은 악화일로를 걸었다. 1849년 10월 17일, 쇼팽은 폐결핵으로 쓸쓸하게 생을 마감한다. 그의 나이 39세, 상드와 헤어진 지 불과 2년이 지나지 않은 시점이었다. 쇼팽의 시신은 파리의 라세즈 묘지에 안장되었다. 장례식에는 모차르트의 〈레퀴엠〉이 연주되었으며, 고향 바르샤바의 흙 한 주먹이 그의 몸 위로 뿌려졌다. 또 한 명의 천재적인 음악가가 세상과 아쉬운 작별을 고하는 순간이었다.

쇼팽은 병약하지만 정열적인 예술가였다. 오랜 지병인 폐결핵뿐만 아니라 자주 환각과 환청에 시달렸다. 그는 궁핍과 갈채, 절망과 환희, 비참함과 숭고함 사이를 오가며 미친 듯이 피아노를 쳐댔다. 비록 상드와의 사랑은 비극으로 끝났지만, 그녀와 함께한 10년은 쇼팽의 인생에서 가장 뛰어난 음악을 작곡한 황금기였다. 사랑의 힘이 그를 위대한 작곡가의 길로 이끈 것이다.

사랑은 때론 기쁘고, 때론 슬프다. 때론 심오한 영감을 가져다주지만, 때론 깊은 상처를 남겨놓는다. 그래도 어쩌겠는가? 사랑은 예술의 원천이며, 우리들 생명의 근원인 것을. 쇼팽이 사랑한 연인, 조르주 상드의 말에 조금이나마 위로를 얻어 보자.

"사랑하기 위해서 상처 받는 것이므로 사랑하라. 인생에서 좋은 것은 그것뿐이다."

에디트 피아프
Edith Piaf

난 아무것도
후회하지 않아요

1949년 10월 27일, 파리에서 출발한 비행기 한 대가 대서양 상공에서 추락했다. 미처 손 쓸 겨를도 없이 비행기에 타고 있던 48명의 탑승객 전원이 목숨을 잃었다. 사망자 명단에는 세계 복싱 미들급 챔피언 마르셀 세르당의 이름도 포함되어 있었다. 애초에 그는 여객선을 타고 뉴욕으로 돌아갈 계획이었는데 갑자기 마음을 바꿔 배가 아닌 비행기를 선택하고 말았다. 사고가 있기 하루 전 "보고 싶으니 빨리 돌아오라"는 연인의 재촉 전화를 받은 때문이었다. 결국 그는 생과 사의 갈림길에서 죽음의 길로 들어서고 말았다.

사고 소식을 들은 세르당의 연인 에디트 피아프는 깊은 슬픔과 자책감에 사로잡혔다. 그녀는 삭발을 했고, 한동안 사람들 앞에 모습을 드러내지 않았다. 몇 달 후, 피아프는 자신이 직접 가사를 쓴 '사랑의 찬가Hymne a l'amour'를 부르며 다시 나타났다. 사랑하는 사람을 잃은 슬픔을 애절한 목소리로 호소했는데, 노래의 첫 부분은 이렇게 시작되고 있다.

'하늘이 무너져 내리고 땅이 꺼져버린다 해도 그대가 날 사랑한다면 내게 두려움 없네. 사랑이 아침을 깨우고 내 몸을 감싸면 아무것도 두렵지 않네. 당신이 날 사랑한다면~'

에디트 피아프는 1915년 12월 19일, 프랑스 파리의 빈민가에서 태어났다. 실제 본명은 에티드 조반나 가시옹Edith Giovanna Gassion 이다. 생후 2개월이 되었을 때, 그녀의 어머니는 다른 남자와 함께 떠났고 다시는 돌아오지 않았다. 아버지 또한 피아프에 대한 애정이 없었기 때문에 그녀는 외할머니 손에서 자랐다. 세 살 무렵에 뇌막염 합병증으로 실명했으나 다행히 4년 후 시력을 되찾았다. 유년시절의 가난으로 인해 그녀의 체구는 성인이 되어서도 147cm의 키, 40kg 정도에 불과했다.

열다섯 살 때부터는 거리에서 구걸하며 노래를 불렀다. 열여섯 살 때는 배달사환 루이 듀통과 사랑에 빠져 딸을 낳았다. 하지만 아이는 2살이 되기 전에 사망했고, 그녀는 다시 혼자가 되었다. 열여덟 살이 되던 해, 피아프는 클럽 주인 루이 루플레의 눈에 띠어 정식으로 무대에 데뷔한다. 작은 참새를 뜻하는 '라 몸 피아프 La mome piaf'라는 별명을 얻으며 그녀는 대중들의 인기를 얻기 시작한다.

하지만 예상치 못한 일이 발생한다. 그녀를 후원하던 루이 루플레가 누군가로부터 살해당하는 사건이 발생한 것이다. 피아프는 경찰로부터 살인 혐의를 받으며 위기에 처한다. 다행히 주변 사람들의 증언으로 무죄가 입증되었고, 피아프는 가수 활동을 재개할 수 있었다. 이 당시 도움을 준 레이몽 아소의 곡을 받아 그녀는 프랑스 국민가수로 성장한다. 피아프의 풍부한 성량과 애절한 목소리는 사람들의 마음을 사로잡았고, 그녀는 부와 명성을 한꺼번에 손에 넣는다.

그러나 피아프의 인생 굴곡은 거기서 끝나지 않았다. 특히 그녀가 나눴던 사랑은 불운과 비극 그 자체였다. 영화배우 이브 몽탕과 결혼을 약속하며 '장밋빛 인생 La vie en rose'이라는 노래를 불렀지만, 얼마 지나지 않아 버림을 받고 만다. 유일하게 진실한 사랑을 주고받았던 마르셀 세르당은 비행기 사고로 사망하였다. 샹송가수 자크 피르스와의 결혼은 4년 만에 파경을 맞았다.

고독과 상실감에 잠긴 피아프는 알코올과 약물 중독에 의존했고, 점점 건강이 악화되기 시작했다. 1961년, 피아프는 지방순회 공연을 하던 중 갑자기 쓰러졌다. 의사는 그녀에게 생명이 얼마 남지 않았다고 말했고, 피아프는 자포자기의 심정이 되어 죽을 날

만을 기다린다.

그러던 어느 날, 테오파니스 람부카스라는 청년이 병원으로 찾아온다. 그는 피아프를 정성껏 보살폈고, 몇 번의 망설임 끝에 에디트는 그의 청혼을 받아들였다. 1962년, 마침내 두 사람은 결혼식을 올렸다. 하지만 신혼의 단꿈에 젖기도 전에 에디트는 폐수종에 걸려 결혼 1년 만에 세상을 떠나고 만다. 1963년 10월 11일, 그녀의 나이 불과 47세였다.

피아프는 천재적인 가수이자 작곡가, 그리고 뛰어난 작사가였다. 그녀는 프랑스 최고의 샹송 가수라는 평가를 받으며 많은 사람들의 영혼을 감미로운 목소리로 위로해줬다. 피아프가 부른 〈파리의 기사騎士〉〈빠담 빠담〉은 디스크 대상을 획득하였다.

하지만 정작 그녀 자신의 삶은 행복하지 못했다. 평생 많은 남자를 만났지만 그녀가 꿈꾸던 사랑은 어디에도 없었다. 유일하게 진실된 사랑이라고 믿었던 연인은 비행기 사고로 허무하게 죽고 말았다. 평생 그녀는 사랑을 갈구했지만, 사랑은 깊은 상처와 고통만 남겨주었을 뿐이다. 그럼에도 그녀는 사랑을 찬미했고, 사랑의 기쁨과 슬픔을 노래로 승화시켰다. 생전에 피아프는 이렇게 말하곤 했다.

"사랑은 노래를 하게 만드는 힘이다. 나에게 노래 없는 사랑은 존재하지 않고, 사랑이 없는 노래 또한 존재하지 않는다."

1960년 12월, 피아프는 파리 올림피아 극장 공연에서 〈아니오, 난 아무것도 후회하지 않아요 Non, je ne regrette rien〉라는 노래를 불렀다.

'아니요, 난 아무것도 후회하지 않아요. 사람들이 내게 줬던 행복이건 불행이건 간에 그건 모두 나와 상관없어요. 그것은 이미 잊어버렸어요. 난 아무것도 후회하지 않아요. 왜냐하면 나의 삶 나의 기쁨이 오늘 그대와 함께 시작되거든요~'

사랑은 피아프가 노래를 부르게 만드는 힘이었다. 그녀는 죽을 때까지 사랑의 찬가를 불렀고, 아무것도 후회하지 않고 떠났다. 불꽃 같은 그녀의 삶과 노래는 사람들의 가슴에 영원히 남을 것이다.

괴테
Goethe

사랑의 목적은
도착이 아니라 여행이다

"사랑이 없는 삶, 사랑하는 사람이 없는 삶, 그것은 하찮은 환등기로 비추는 보잘것없는 쇼에 불과하다. 나는 슬라이드를 바꿔가며 비춰보지만 어느것을 본들 모두가 시시해서 다음 슬라이드로 황급히 바꾸고는 한다."

요한 볼프강 폰 괴테가 남긴 말이다. 도대체 이 사람을 어떻게 표현해야 할까? 괴테는 시인이자 극작가였다. 독일문학의 최고봉으로 불리는 그의 저서로는 《젊은 베르테르의 슬픔》《파우스트》《빌헬름 마이스터의 편력시대》 등이 유명하다.

괴테는 정치가이자 과학자였다. 그는 지질학·광물학을 비롯하여 자연과학 연구에 몰두하였고, 동물만 있고 사람에게는 없는 것으로 알려졌던 간악골^{間顎骨}을 최초로 발견해 비교해부학의 선구자가 되었다.

괴테는 화가였다. 이탈리아에 체류하는 동안에만 천여 점에 이르는 스케치를 그렸다. 또한 괴테는 바이마르 공국의 재상으로도 10년 넘게 활약하였다. 이처럼 다방면에 걸쳐 천재적인 재능을 나타낸 사람이 괴테였다.

또 한 가지, 그는 사랑의 연금술사였다. 83년에 이르는 그의 인생에는 무수히 많은 연인들이 등장한다. 괴테의 삶은 근사한 환등기로 영사^{映寫}된 한 편의 멋진 로맨틱 드라마였다.

괴테는 1749년 8월 28일, 독일 마인 강변의 프랑크푸르트에서 태어났다. 아버지 요한 카스파 괴테는 39세, 어머니 카타리네 엘리자베트 텍스토르는 18세였다. 어려서 천재교육을 받은 괴테는 각국의 언어를 비롯해 역사, 문학, 신학, 자연과학에 이르기까지 폭넓은 교양을 쌓았고, 피아노와 첼로를 능숙하게 다뤘으며, 승마에서도 뛰어난 실력을 보였다.

1765년, 괴테는 어머니의 권유에 따라 라이프치히 대학에 입학해 법학 공부를 시작한다. 이 때 술집 처녀 안나카타리나 쉰코프를 만나 연애를 한다. 자유분방한 생활 속에 사랑은 파탄에 이르고, 건강 또한 나빠져 각혈을 하기에 이른다.

1768년, 괴테는 고향으로 돌아와 요양생활을 시작한다. 이 무렵 목사의 딸 프리데리케 브리온과 낭만적인 사랑을 나누며 약혼까지 하지만, 괴테는 일방적으로 결혼 약속을 파기하고 떠나버린다. 이때의 회한悔恨이 평생에 걸쳐 괴테 문학의 중요한 주제로 자리 잡는다.

1772년, 괴테는 법률 실습을 위해 고등법원이 있는 베츨라에 머물게 된다. 그리곤 여기서 케스트너라는 새 친구와 그의 약혼녀 샤를로테 부프를 만나게 된다. 그녀의 모습을 보고 첫눈에 반한 괴테는 한동안 짝사랑의 아픔에 시달려야 했다. 1774년, 괴테는 자신의 체험을 토대로 〈젊은 베르테르의 슬픔〉을 쓴다. 이 소설은 유럽 전역에서 선풍적인 인기를 끌었다. 주인공 베르테르의 옷차림이 유행처럼 번졌고, 여지저기서 모방 자살까지 일어날 정도였다. 괴테는 25세의 나이에 일약 유명작가로 성공을 거둔다.

1775년, 26세의 괴테는 은행가의 딸 엘리자베트 쇤네만과 약혼을 한다. 하지만 또 다시 약혼을 파기하고 바이마르 공국의 젊은 대공大公 카를 아우구스트의 초청을 받아 떠나버린다.

바이마르에 머무는 동안 괴테는 자신의 부하 슈타인 관방장관의 아내, 샤를로테 폰 슈타인 부인과 열애에 빠진다. 일곱 아이의 어머니이자 일곱 살 연상이었던 그녀는 괴테를 동생처럼 따뜻하게 감싸 안아주었다. 괴테는 그녀와의 사랑을 통해 청년기의 정신적 동요와 불안을 극복하였고 인간적, 예술적으로 성숙해져 갔다. 두 사람의 사랑 이야기는 《타우리스섬의 이피게니에》《타소》 등의 작품에서 흔적을 찾아볼 수 있다. 그러나 두 사람의 애정관계는

1786년, 괴테가 이탈리아로 여행을 떠나며 종지부를 찍게 된다. 이미 괴테의 마음에는 새 연인에 대한 사랑으로 가득 차 있었다.

1788년, 바이마르로 돌아온 괴테는 크리스티아네 불피우스와 동거를 시작한다. 정식 결혼식은 1806년에야 이뤄졌으며, 크리스티아네 불피우스는 괴테의 유일한 아내가 된다.

하지만 괴테의 사랑은 여기서 끝나지 않았다. 그는 만년에 이르기까지 공식적인 기록으로만 세 차례의 연애사를 추가하였다. 1807년, 예나에 머물면서 서점 주인의 양녀 미나 헤르츠리프와 사랑을 나눴으나 곧 도피했다. 괴테는 그녀를 모델로《친화력》이라는 소설을 집필했다. 아내가 세상을 떠난 뒤에는 마리안네 폰 빌레머 부인과 연애를 했고, 74세 때는 19세의 처녀 울리케 폰 레베초프를 만나 사랑의 마음을 품었다. 아쉽게도 괴테의 마지막 사랑은 받아들여지지 않았다. 괴테는 그녀를 향한 연모의 정을 담아 시집《마리엔바더의 비가》를 발표하였다.

괴테는 많은 예술가들과도 교류했는데 그중에서도 실러와의 우정은 매우 깊고 돈독했다. 1974년, 잡지《호렌》을 계기로 맺어진 두 사람의 인연은 1805년 실러가 죽기 전까지 10여 년 동안 지속되었다. 괴테는 실러의 이해와 격려에 힘입어 많은 작품을 완성할 수 있었다.《파우스트》집필 재개,《빌헬름 마이스터의 도제徒弟 시절》완성, 서사시《헤르만과 도로테아Hermann und Dorothea》발표 등이 모두 이 시절에 이뤄졌다.

만년에 접어 든 괴테는 《빌헬름 마이스터의 편력시대》《파우스트》 등의 걸작을 완성하며 작가로서의 최고점을 통과하였다. 특히 《파우스트》는 23세부터 쓰기 시작해 죽기 1년 전인 82세에야 완성한 일생일대의 대작이었다. 1832년 3월 22일, 괴테는 평화로운 얼굴로 세상을 떠났다. 향년 83세였다.

괴테의 삶은 사랑이라는 슬라이드를 잇달아 바꿔 비추는 사랑의 파노라마였다. 때로는 누군가에게 상처를 주고, 때로는 자신이 상처를 받았다. 하지만 그로 인해 괴테의 문학은 인간과 세계의 문제에 근원적으로 접근할 수 있었다. 《젊은 베르테르의 슬픔》 그리고 《파우스트》라는 인류문학의 보고만으로도 그의 애정 행각은 용서받을 수 있을 것이다. 괴테는 이렇게 말했다.

"사람이 여행을 하는 것은 도착하기 위해서가 아니라 여행하기 위해서다."

어쩌면 사랑을 하는 이유 또한 도착하기 위해서가 아니라 여행하기 위해서라고 생각할 수 있지 않을까? 최소한 괴테에게는 그랬을 것이라 믿는다. 괴테와 사랑이라는 여행을 위하여 건배!

이사도라 던컨
Isadora Duncan

내 몸은
내 예술의 성전

1899년 어느 날 저녁, 시카고에 위치한 소극장 무대 위로 젊은 여성 무용수 한 명이 등장했다. 특별한 무대 장치는 없었다. 그녀는 속이 비치는 드레스를 입고 있었으며 토슈즈마저 신지 않았다. 잠시 후, 무용수는 자유롭고 본능적인 몸동작과 함께 무대 위를 누비며 정열적인 춤을 추었다. 이 모습을 지켜 본 관중은 큰 충격을 받았다.

이튿날 대부분의 언론과 평론가들은 어젯밤 공연에 대해 혹평을 퍼부었다. 기교 본위의 전통 발레에 익숙해 있던 그들에게 맨발의 댄서 이사도라 던컨의 춤은 이해하기 어려운 몸짓이었다. 하지만 역사는 이미 현대무용의 새로운 출발을 알리고 있었다.

이사도라 던컨은 1877년 5월 26일, 미국 샌프란시스코에서 네 형제 중 막내로 태어났다. 그녀의 삶은 비극으로 얼룩졌다. '비극적인 어머니, 비극적인 아내, 비극적인 최후' 이 모두 그녀에게 해당되는 표현들이다.

불행은 일찌감치 어린 시절부터 찾아왔다. 그녀가 태어난 직후, 아버지는 다른 여자와 사랑에 빠져 어머니를 버리고 떠났다. 음악 선생이던 어머니는 네 명의 자녀를 돌보며 힘겨운 살림을 꾸려나갔다. 이사도라는 어머니의 영향을 받으며 무용수로서의 꿈을 키워나갔다. 10살 무렵, 이사도라는 인적이 없는 숲속이나 해변에서 나체로 춤을 추곤 하였다.

15살 때는 뉴욕에서 〈델리〉의 단원으로 활동을 시작했고, 18살이 되던 1897년에는 영국으로 건너가 발레를 지도받았다. 1899년, 시카고에서의 공연은 인정을 받지 못했지만 이듬해 파리에서의 폭발적이었다. 이사도라는 유럽 각 도시를 순회하며 공연에 나섰고, 가는 곳마다 뜨거운 인기를 얻었다.

특히 독일에서의 반응은 놀라울 정도였다. 이사도라는 독일 베를린 근처에 무용학교를 설립하고, 무용단을 만들어 체계적인 활동을 시작했다. 1905년에는 모스크바를 방문해 러시아 무용에 새로운 바람을 불러 일으켰고, 1921년부터 3년 동안은 직접 러시아 무용수들을 가르치기도 하였다. 프랑스와 미국에도 무용학교를 설립했다. 이사도라는 "사람을 춤추게 하는 것은 기교가 아니라 영혼과 정신이다"는 말과 함께 현대무용의 상징으로 자리 잡고 있었다.

하지만 그녀의 비극은 사랑과 함께 찾아왔다. 자유로운 영혼, 불같은 열정을 지녔던 이사도라는 많은 남성과 사랑에 빠졌다. 부모의 불행한 결혼생활을 지켜보며 독신을 맹세한 그녀는 자유로운 연애를 택했다. 1906년, 영국의 무대 디자이너 고든 크레이그와 사귀며 첫 딸 데오도르를 낳았고, 1910년에는 미국의 재력가 파리스 싱어에게서 아들 패트릭을 낳았다. 하지만 데오도르와 패트릭은 그녀 곁에 그리 오래 머물지 못했다.

1913년 4월, 파리로 외출을 나갔던 이사벨라는 유모와 함께 두 아이를 차에 태워 집으로 먼저 돌려보냈다. 폭우 속에 센 강변을 따라 달리던 자동차는 갑자기 시동이 꺼져버렸고, 그대로 비탈길을 굴러 내려가 물속에 곤두박질치고 말았다. 강에서 차를 꺼냈을 때는 이미 한 시간 반이나 지나 있었고, 아이들은 유모의 팔에 매달린 채 시체로 발견되었다. 이사도라는 미칠 듯 한 슬픔에 사로잡혔고, 아이들의 이름을 울부짖으며 센 강을 뛰어다니곤 하였다.

1920년, 모스크바 무용학교 설립을 위촉받아 러시아에 간 이사도라는 25살의 젊은 시인 세르게이 예세닌을 만난다. 자신보다 18살이나 어린 예세닌의 얼굴에서 이사도라는 세상을 떠난 아들 패트릭의 모습을 발견한다. 그리곤 즉각 헌신적인 사랑에 빠지고 만다. 당시 예세닌은 천재 시인이란 명성을 얻고 있었지만, 동시에 신경쇠약과 간질에 시달리는 일종의 정신질환자였다. 그는 자주 알코올 중독에 빠져 폭력과 폭언을 행사하였고, 광적인 수준으로 물건을 구입해 던컨을 고통스럽게 만들었다.

1925년 겨울, 던컨의 미국 순회공연에 동행하던 예세닌은 혼자 러시아로 돌아가 버린다. 그리곤 신혼 때 머물렀던 호텔에서 〈잘 있거라, 벗이여〉라는 시를 남기고 자신의 손목을 칼로 그어 생을 마감한다.

1927년 9월 27일, 비극의 날이 될 줄이야! 프랑스 니스에 머물며 슬픔에 잠겨있던 이사도라는 외출을 결심한다. 그녀는 빨간 색 스카프를 목에 두른 채 며칠 전 만난 젊은 청년의 스포츠카에 올라탔다. 그녀는 친구들을 향해 말했다. "안녕, 나는 영광을 위해 떠나!" 잠시 후 시동을 걸고 출발한 차가 속력을 내며 달리기 시작한 순간, 그녀의 스카프가 차 뒷바퀴에 말려들었고, 이사도라는 질식사로 숨지고 말았다. 그녀의 나이 50세였다.

맨발의 댄서 이사도라는 그렇게 운명적인 삶을 마쳤다. 부모의 이혼, 어린 시절의 가난, 아들과 딸의 죽음, 무용가로서의 고난, 불행했던 결혼 생활, 남편의 자살, 비극적 최후 등 그녀의 인생은 불운과 불행으로 얼룩졌다.

하지만 그녀의 춤은 달랐다. 던컨의 춤은 인간의 몸과 마음을 자유롭게 표현하며 고전적 무용 세계에 일대 혁명을 일으켰다. 그녀의 춤은 전통과 관습에 대한 도전이었으며 자유와 열정을 향한 몸짓이었다. '내 몸은 내 예술의 성전'이라며 춤췄던 이사도라는 마침내 자신의 꿈을 이뤘다.

이제 그녀는 한 발은 로키 산맥의 정상에 딛고 양 손으로는 대서양에서 태평양까지를 품어 안은 채, 머리로는 하늘을 이고 그 이마에 무수한 별들의 왕관을 쓴 전설적인 댄서, 현대무용의 어머니로 평가받고 있다. 비록 그녀의 삶은 비극이었지만, 그녀의 춤은 인류 역사에 큰 축복으로 남을 것이다.

여러분, Shall We dance?

약점이 있는 것이 아니라
약한 마음이 있을 뿐

몇 마디 덧붙임으로 책을 마무리하고자 한다. 사회적 통념으로 보면 나는 출세한 사람의 범주에 들어가지 못한다. 백만장자의 재산을 형성하지도 못했고, 고관대작의 지위를 얻지도 못했고, 저명인사의 명예를 누리고 있지도 못하다. 오히려 반세기(문득 경이롭다는 생각이 든다)에 걸친 인생에서 적잖은 실패와 좌절을 겪어 보았다. 대략 간추려 보면 이렇다.

- 대학 입시 불합격
- 재수
- 삼수
- 출판사 실패
- 인터넷 사업 실패
- 부동산지주회사 실패
- 노동조합위원장 재선거 낙선
- 두 차례에 걸친 지방선거 낙선

대학에 입학하기까지 삼수를 했고, 선거에 출마해 세 번 낙선했다. 사업은 세 번 이상 망했다. 단 돈 몇 푼이 없어 비참한 심정에 빠진 적도 많았고, 스스로 생을 마감하려는 유혹에 빠진 적도 있었다. 다행히 아직까진 숟가락을 놓지 않았다.

그리고 지금은 그 어느 때보다 더욱 꿋꿋하게 살아가고 있다. 아직도 성공과 행복의 실체에 대해서는 알지 못하지만, 한 가지 사실만큼은 분명하게 깨달았기 때문이다. 희망은 있다고도 할 수 없고, 없다고도 할 수 없다. 희망의 길로 왕래하는 사람에게는 희망이, 절망의 길로 왕래하는 사람에게는 절망이 있을 뿐이다.

상처 역시 마찬가지다. 스스로 인정하면 있는 것이요, 스스로 부정하면 없는 것이다. '약점이 있는 것이 아니라 약한 마음이 있을 뿐'이라는 점이 바로 이 책을 통해 내가 전달하고자 하는 핵심 메시지이다. 인생에서 마주치는 불우한 환경, 장애와 질병, 거듭되는 실패, 학력, 피부색, 비극적 사랑, 비운의 사고 등은 결코 콤플렉스가 아니다. 성공과 행복을 가로막는 절대적인 방해물도 될 수 없다. 그것들은 단지 약한 마음에 불과할 뿐이다. 이 책에 등장하는 오프라 윈프리, 룰라, 닉 부이치치, 조앤 롤링, 이제석 등 많은 사람들의 삶이 그러한 사실을 충분히 증명해 주고 있다.

이제 글을 마친다. 독자 여러분이 희망의 길로 걸어가길, 약점이 아니라 약한 마음을 이겨내길 진심으로 기원한다. 그리곤 자신의 삶에서 자유롭게 활짝 피어나길 응원한다. 혹시라도 콤플렉스에 대한 고민이 생겨나면 이렇게 힘껏 외쳐보라.

"상처란 없다. 단지, 약한 마음이 있을 뿐이다!"